Maira Pérez

ARMADURAS: YO SOY

Desarmando mis armas duras

*Libro autobiográfico. Crecimiento personal
y realismo mágico*

JURADO
Grupo Editorial

© 2022 Maira Pérez

ISBN: 9798364462633

Queda prohibida la reproducción parcial o total de esta obra sin la debida autorización del dueño del copyright.

Hecho en Estados Unidos de América

Ilustraciones por Wanadi Ramírez

Coautor: Jihan Ramírez

Edición y corrección: Jurado Grupo Editorial

JURADO
Grupo Editorial

juradopublishing@yahoo.com
Twitter: @juradopublishing
Instagram: @juradopublishing
www.JuradoPublishing.com
YouTube: Jurado Grupo Editorial

Para ver las ilustraciones del libro a color y más información.

Indice:

Dedicatoria y agradecimientos ・・・ 7

PREFACIO
Sueños de reflexión ・・・・・・・・・ 11

CAPÍTULO Armaduras
Armas duras ・・・・・・・・・・・・ 17

CAPÍTULO 1
¡Fascinación a primera vista! ・・・・・ 31

CAPÍTULO 2
Vestida, arreglada, preparada ・・・ 61

CAPÍTULO 3
Amor rosa ・・・・・・・・・・・ 102

Dedicatoria y agradecimientos

Comparto y dedico todas las capas de mi total desnudez, con la idea de ser la voz de mis ancestros, para hablar de lo que ellos no fueron capaces de expresar, por miedo a ser censurados y calificados o por temores heredados de la sociedad, quedándose con todo eso que los ahogaba y pesaba, transmitiéndolo como herencia de generación en generación.

Honrando a mis ancesores con el conocimiento de que soy la prolongación de cada uno de ellos enaltezco todo lo que lograron.

Escudriñé hasta lo mas desconocido de mi ser hasta llegar a mi alma y conectar con ellos. Con la idea de haber hecho un trabajo para que futuras generaciones puedan transitar por este plano con mayor libertad de ataduras a miedos y complejos. Con la consciencia de que todos somos uno y muchas vivencias se repiten de generación en generación y no pueden ser calificadas de buenas o malas, solo experiencias de vida que nos impulsan a evolucionar.

Dedico este libro en especial a la máxima representante de fortaleza, sabiduría, y el mejor ejemplo de amor, mi madre. Quien a su manera especial, supo dar todo el apoyo, con el ejemplo de su valentía y su óptica tan distinta al mundo en general. Quien sin palabras logró tocar algo en mí que me impulsó a lograr metas que fueron para ella imposibles.

A mi eterno héroe quien desde mi muy temprana edad me enseñó a ver la belleza y poesía en las cosas más sencillas, desde su ejemplo de amor, bondad y altruismo. A mi hijas que han sido amor, estimulo, soporte y motor en mi vida.

Amores que he podido disfrutar a plenitud. Apreciando de manera particular el aporte de Jihan Sofía quien desde su conocimiento a nivel profesional, su madurez y esa intuición y percepción finas, logró añadir fragmentos de análisis que ella desde afuera captó y que yo no había percibido, haciéndome desmoronar y confundir, al sentir que yo misma lo había escrito pero al leerlo me hacían llorar a mares. Entonces juntas compartimos el llanto liberador seguido de regocijo. Agradezco al aporte tan importante que me dio mi hija mayor persuadiéndome sabiamente en repetidas oportunidades, en relación a mi comportamiento hacia mí misma, que en muchas ocasiones mostraba desdén y falta de amor propio, cosas que yo sola no captaba y me desagradaban en principio, para luego ponerme alerta en auto observación. Luego con su aporte mágico, llevando al papel mis ideas y haciendo físicas las armaduras para que otros pudieran observar mi sentir.

En definitiva las tres conformamos el equipo necesario para compartir con el mundo lo que quizás pueda tocar las fibras de muchos.

A todas y cada una de las personas a las que han llegado a mi vida necesitando algún aporte que estuviera en mis manos. Porque intentando dar lo mejor de mí he encontrado en cada uno de ellos un valioso maestro.

Entre todos me han reconstruido en un ser humano más libre, más feliz, y lo más grato: más consiente de mí misma y mi entorno.

A Luisa Alcalá que con su vasto conocimiento fue capaz de convertirse en mi otro yo, para ayudarme a rescatar cada recuerdo, y ayudarme a conectar con estados meditativos activos, para sin palabras muchas veces, indagar y hurgar hasta lo más profundo de mis heridas. Apoyándome en todo eso que parecía irracional y para ella muy normal. Quien haciendo revisiones no me permitió flaquear, abandonar o aflojar. Logrando conectarse conmigo desde nuestras diferencias y similitudes como humana, lo que me llenaba de dicha y aun entre muchas lágrimas, dolor y transformación, disfrutamos juntas el proceso. Ella misma me fue motivo de inspiración permanente y no por símil, si no más bien lo contrario; de igual forma entró en mi corazón y allí se quedó.

Prefacio

Sueños de reflexión

Soñé que escribía, que estaba haciendo anotaciones para interrumpir la vida, o mejor, que la vida me interrumpía el torbellino de ideas que tenía. Podía ver con claridad la luz y perfección de esas ideas, a la cual podría llamar la otra dimensión. Pero ahora no sólo estaba observando acontecimientos de una película que me llegaba directo al alma, esta vez, tenía la plena capacidad de interpretar el mensaje y analizarlo. Aunque las ideas se agolpaban, ya que eran demasiadas, y eso me quitaba poder de razonamiento, allí estaban.

En mi cabeza revoloteaban estas ideas y los recuerdos, yo estaba perfectamente conectada solo con mi yo superior. Escribía: ojalá pudiéramos ver la luz en cada acontecimiento, porque si el suceso parece desafortunado, pesado, aburrido y agotador; al observarlo con detenimiento podemos encontrar el mensaje que contiene para nosotros, para lograr el aprendizaje que nos podría ayudar a crecer y trascender. Encontrar el mensaje implícito sería ideal.

De este modo se hizo muy clara la presencia de mi yo superior y mi verdad, que siempre estuvo allí en el rincón más oculto de mi ser, para mostrarme todo lo que necesitaba aprender. Cada vez se hizo más presente la representación de mi yo superior con sutil amor incondicional, y el universo conspirando a mi favor. La meta fundamental, siempre fue: tener muy claras las misiones de mi vida. Para guiarme con mis misiones particulares encontré como herramienta extraordinaria la astrología, que llegó a mi vida como por arte de magia, fue el inicio de mi salvación. Me di cuenta gracias a la ciencia de la astrología que intentando poner en práctica las razones por las cuales yo existo en esta vida, sólo transitando el camino, sin necesidad de llegar a la meta, podríamos encontrarle más sentido a todo y disfrutar a plenitud ese camino. La astrología me enseñó a vivir con responsabilidad y libertad a través del gozo de manifestar mi misión de vida. Los mayores generadores de transformación y cambio para el crecimiento son los acontecimientos a los cuales ponemos resistencia, y no nos damos cuenta de que si lo dejamos fluir, en lugar de resistir, que además es agotador, podríamos vivir un gozo extraordinario, y convertirnos en altas palmeras que se dejan llevar por el viento para danzar con este a su antojo observando que sí se puede disfrutar mientras se crece. No perderíamos ecuanimidad, ni elegancia mientras fluimos con los procesos, así como lo hace la perfecta naturaleza, nosotros también nos podríamos poner en sintonía con ella, y tampoco dejaríamos de ser palmeras, fuertes y hermosas, porque somos capaces de adaptarnos a las vicisitudes de la vida, que cada día nos transformarán haciéndonos más fuertes, sin perder flexibilidad, belleza o esplendor.

El Padre nuestro en Arameo tal y como lo decía Jesús, en uno de sus párrafos dice: "Haznos sentir el alma de la tierra dentro de nosotros, pues, de esta forma sentiremos la sabiduría que existe en todo. No permitas que la superficialidad y la apariencia de las cosas del mundo nos engañe, y nos libere de todo aquello que impide nuestro crecimiento".

Interpretando este párrafo anterior, me cercioro de que tengo todos los elementos de la naturaleza a diario a mi disposición, que me pueden servir de guía e inspiración. Si observamos la madre tierra con sus ciclos perfectos, podremos encontrar muchas respuestas y vencer a nuestro principal enemigo; nosotros mismos, el miedo con sus mil máscaras y disfraces, el desconocimiento de nuestro propio ser y existencia de vida. Este es el tiempo, el tiempo justo para el cambio, él llega perfecto, sin embargo, cuando pienso qué cambiaría si retrocediera el tiempo, puedo decir sin temor que no cambiaría ninguna de las cosas por nefastas que me hayan parecido en el instante que se presentaron, ya que todos los acontecimientos se nos presentan de manera oportuna para lograr los cambios que necesitamos aceptar como regalo para nuestro crecimiento interior. Quizás es esa perspectiva la que nos amplía el horizonte y nos transforma el modo de ver los obstáculos y las dificultades. Es maravilloso poder verlos como retos que nos conducen hacia el crecimiento, y que mientras más difíciles o dolorosos más frutos seguros podrá dejar. Que si los vemos como un espectador, desde afuera, seguro será más fácil afrontarlos. La experiencia adquirida a través de los años vividos desde el auto análisis sólo pueden permitir encontrarnos con la realización y la convicción de que existe un ser superior, y que puedes tener comunión con él, porque en cada acontecimiento a veces hasta trivial puedes encontrar la presencia de ese ser supremo, Dios, o tu Divinidad, y el Universo respondiendo a tus dudas, aclarándote el camino mucho más de lo que lo deseaste o pediste, y si esto no ocurre es porque no hay tal certeza de merecimiento.

Se trata de estar en sintonía con la fuerza superior que está siempre presente en todas las cosas y personas, y en nosotros mismos. Si vivimos atentos captaremos todas las señales, mensajes y respuestas que necesitamos en su debido momento. La consciencia se va preparando y fortaleciendo con años de auto estudio. En cualquier cosa o persona puedes encontrar la señal, la respuesta, cuando estas ávido esperándola no hace falta ni buscar ni perseguir, simplemente ubicarnos en el camino correcto, en la sintonía acorde, y todo llegará a nosotros, todo se sentirá como si te lo colocasen en el camino para ti, y que a su vez nos va marcando mejor el camino a seguir. En medio de toda esta certeza, seguridad y confianza en nosotros mismos y nuestro proceso, nos hacemos la pregunta: ¿Qué vinimos a hacer?

En la medida en que nos conocemos más, entendemos nuestro vehículo, nuestra mente, la raíz de nuestros pensamientos y hasta nuestra energía, y de este modo nos podemos relacionar mejor en la sociedad, como seres despiertos y civilizados.

La soledad: la mejor compañera para encontrarnos con nosotros mismos, y pensar que si no lo vivimos no podemos imaginar lo maravilloso y enriquecedor que puede ser. Con la soledad podemos apreciar y disfrutar cada detalle de nuestro entorno, absortos en nosotros mismos, podemos descubrir la magia de la vida y la magia que podemos ser y que ha estado siempre dentro de nosotros. Aprender a estar solos, con nosotros mismos y sin nuestras máscaras, nos ayudará a descubrir la alegría de la existencia, y cada tarea que hagamos puede ser como un ritual, que nos puede dejar plenitud desde el auto análisis y la introspección.

No podemos entender al mundo si primero no nos entendemos a nosotros mismos, no podemos dar al mundo lo que no conocemos o lo que no sabemos recibir, y sólo conociéndonos genuinamente podremos entendernos, aceptarnos y amarnos a plenitud. Cuando nos abrimos al auto conocimiento desde el deseo de ser mejores seres humanos, aparecen maestros en todas partes.

Espero que estas líneas te puedan servir en tu camino.

Capítulo Armaduras

Armas duras

Haber usado armaduras para lograr ser quien soy, definitivamente es algo que agradezco, ya que representó ser por mucho tiempo una gran herramienta; la cual fue de gran valor para la realización y materialización de metas. Con voluntad férrea, la cual definitivamente es necesaria para lograr alcanzarlas, ir descubriendo estas armaduras e irlas reconociendo, progresivamente, manifestó emociones encontradas y completamente disímiles, que por un lado me llenaban de emoción, dicha, plenitud y por otro lado provocaban dolor, de ese que no era más que un recordatorio de él, porque ellas se habían instalado en mi vida.

Pensar que podría ir prescindiendo de ellas aunque el proceso no se presentara fácil ni rápido se convirtió en mi propósito de vida. Sin embargo, hicieron que el camino resultara la aventura más interesante y emocionante que hubiera vivido en la vida, la cual disfruté a plenitud en todo su proceso, porque por primera vez pude compenetrarme conmigo misma y disfrutarme como nunca lo había hecho, como no sabía que pudiera ser posible.

En el proceso del auto descubrimiento las armaduras se fueron transformando, se fueron desdibujando, para quedar completamente desvalidas, sensibles y susceptibles, características muy poco comunes, para no decir casi desconocidas en mí. Representó un absoluto descubrimiento. Porque en realidad no era yo, lo que por mucho tiempo me guio también me escondió de mí misma y mi esencia.

Si en este momento no sabes de que hablo te explico mejor: las armaduras eran el ego haciendo y deshaciendo con el mundo, con fortaleza y presencia, cuando las descubrí desde mi esencia y comencé a transformarlas, trataron de engañarme una vez más haciéndome creer que sin ellas estaría débil y desvalida, las trampas del ego. Imposible desecharlo, pero si dominarlo y alejarlo, porque sin ellas, las armaduras, estaría mi verdadero ser, más fuerte e impecable que nunca, la fortaleza más poderosa del universo, el amor de nuestra esencia.

De esta manera fui identificando que es en la vulnerabilidad donde reside la verdadera fortaleza.

Justo cuando nos aceptamos como seres espirituales en proceso de experiencia humana, al reconocer que esa experiencia viene con pinceladas de virtudes y desaciertos. Observar los desaciertos, en particular, se hacía pesado e impactante. Estos hasta podrían predominar, era muy incómodo y aun así reconocí que no me hacían ni mejor ni peor, sólo humana en pleno auto descubrimiento.

Desde el instante en el cual comencé a identificar que soy un ser que podía permitirme sentir, que no era infalible, comenzó a producirse el milagro; en mi caso particular afirmo que pude lograrlo de manera más concreta gracias a la escritura, con la cual fui conociéndome cada vez un poco más, e internándome en las aguas profundas de mi ser, acercándome cada día un poco más a mi esencia.

Entiendo que abundan los caminos que pueden conducirnos al auto reconocimiento y por mi parte agradezco infinitamente el mío: la escritura desde la auto observación, sin juicios, ni críticas, con perdón, aceptación, sanación y compasión.

He de reconocer que el haber creado armaduras que me hicieron sentir fortaleza (las cuales creé de manera absolutamente inconsciente), en principio cuando las fui descubriendo me impactaron mucho, luego las acepté, para finalmente reconocerlas como grandes aliadas y entonces aceptar que la verdadera libertad residía en vivir sin necesitarlas. Posiblemente este fue el lado del proceso que se hizo más doloroso. Por eso de que me acostumbré a llevarlas, y a vivir en automático con ellas. Este descubrimiento en mi caso fue un proceso doloroso, y generalmente es así, con mucha resistencia y movilización.

Origen de las armaduras o amortiguadoras

A continuación voy a definir las características más destacadas, con el fin de ilustrar su aparición y concreción como mis verdaderas fuerzas aliadas en su momento, que poco a poco me iban mostrando la cara oculta de la seguridad cuando te resta autenticidad y libertad del ser. Tú, como lector, puedes regresar a estas páginas cada vez que te consigas con una nueva armadura y así recordar y entender el porqué de cada una. Es importante acotar que la descripción y nacimiento de las armaduras, obedece a mi estado de consciencia del momento en que se presentó cada una de ellas.

OJOS

La primera armadura se hizo presente desde muy temprana edad, posiblemente desde los dos años. Ojos era como un antifaz de ojos muy grandes, amarillos, que tornaban a rojo en momentos de miedo, estrés o sensación de peligro, posiblemente por imitación a mi padre o simplemente herencia. La gente los percibía como que estaba muy molesta, y hasta como que podía ser agresiva pero la verdad en el fondo de mi ser no había nada de eso. Quizás era una manera de mantener distancia con el mundo exterior, lo que escondían era miedo.

GLINIX

Por orden de aparición la segunda fue Glinix, que se instaló el día que me sentí por primera vez muy desprotegida y frágil, en la inundación que hubo en mi casa, en la cual estábamos mi hermana y yo solas, me sentí desamparada y apareció esta armadura para quedarse conmigo por mucho tiempo. Esta era como una segunda piel metálica, dorada, o acercándose más que a dorado a color barro amarillento, similar al color del lodo que bajaba por las paredes el día de la inundación. En el momento que me sentía desprotegida sin saber lo que venía ella estaba allí. Me ayudaba a mitigar el miedo o la incertidumbre del futuro desconocido.

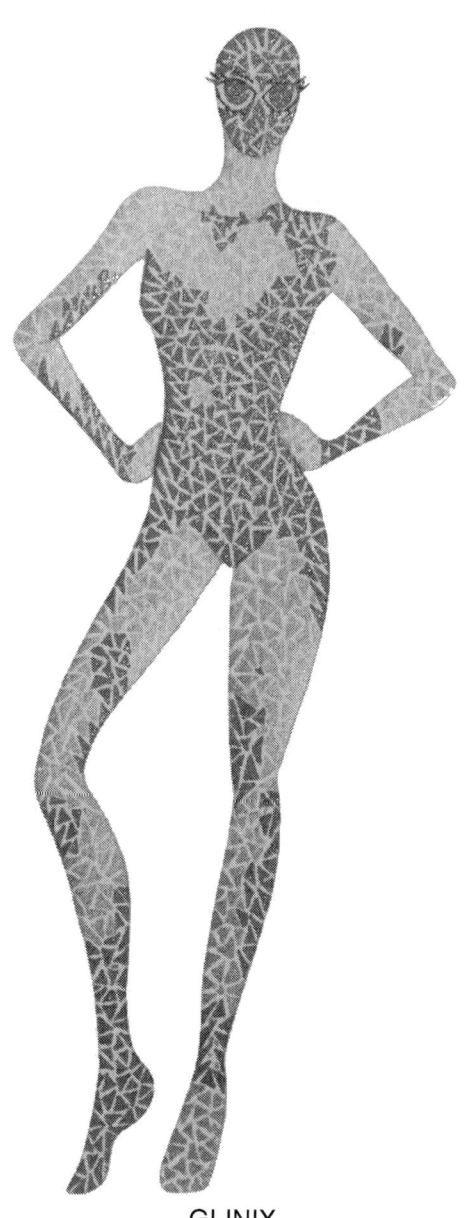

GLINIX

SOYIXA

Luego ya estando interna, tejí pacientemente a Soyixa, gracias a mi madre que me enseñó a tejer y con esto lograba evadir y olvidar lo que estaba viviendo. Soyixa tenía apariencia de una armadura medieval completamente tejida, metálica, plateada, con puntos menudos que recubrían todo mi cuerpo excepto la coronilla, que quedaba descubierta sólo una circunferencia relativamente pequeña, a través de la cual emergía mi cabello negro, largo, lacio, abundante y brillante. Identifiqué con Soyixa que el trabajo podía ser muy placentero si lo hacía con amor y dedicación, Soyixa fue la gran responsable de la mayoría de mis logros. En la medida que iba construyendo armaduras, cada vez eran más grandes y elaboradas.

SOYIXA

ALEP

De esta manera apareció Alep, la más grande y poderosa. Había logrado aislarme totalmente del mundo, había quedado yo como sepultada, en mí misma, perdí por completo el control y se los cedí a ellas que se hicieron cargo de mi vida. Para entonces me sentía muy cómoda de poder contar con la valentía, el coraje y la fuerza que me permitían lograr los objetivos que me proponía, sin lugar a titubeos.

Alep fue construida con láminas superpuestas, una a continuación de la otra, de color plomo, con perfecto cuidado para que no quedara nada en peligro, ni al descubierto. De la misma forma que Soyixa, quedaba exclusivamente descubierta la coronilla de la cabeza, para poder quedar siempre conectada con el mas allá y ese poder superior que me mantenía en pie en medio de tanta desconexión, en forma de círculo para permitir quedar al descubierto el cabello, que parecía ser protector junto con mis armaduras y ojos.

ALEP

Alep quedó cubierta de pesadas cadenas, luego de vivir los momentos más indescriptibles de mi vida, sentir la sensación de fracaso gracias a los dictámenes de la sociedad, con mi primer esposo, el padre de mis hijas. Tenía una gran sensación de haberme equivocado. Fueron unos años muy duros de mi vida, con los que me tocó lidiar con un gran drama de pareja, vivía ahogada con un gran peso. En paralelo nació un mundo nuevo, una nueva yo, con más fuerza, más ganas de vivir, una yo mamá, con ganas de comerme el mundo. A su vez en este tiempo pude vivir la mayor impotencia y lucha interna para sacar la fuerza ante el torbellino que vivía. Convertirme en una gran actriz que lograba convencerme hasta a mí misma; estas cadenas se fueron sumando sin ser notorias para nadie, solo para mí, porque vivir representaba una pesada tarea, luché para sobrellevarlas. Trazando todo un plan para salir de este episodio de vida, logré divorciarme, esmerándome en todo momento para no perjudicar a nadie de mi entorno, sobre todo que mis niñas salieran ilesas, esperando que ni lo notaran.

ALAS LIBERADORAS

Cuando logré ponerle fin a ese capítulo casi de forma automática y veloz, quedé libre de estas cadenas y muy pronto en lugar de cadenas, se produjo una transformación en mi interior con la que me sentí liberada, las piezas de Alep se levantaron como ave erizada con lo que las cadenas se soltaron convirtiéndose en muchos trozos que volaron por el aire, desapareciendo de manera casi inmediata, haciéndome sentir ligera y feliz, realmente fue un gran logro que me hizo sentir heroica y capaz de continuar alcanzando muchos más.

En contraposición a lo vivido, acto seguido de sentirme liberada y en lugar de cadenas, ahora estaban creciendo un par de grandes alas. Mientras esto sucedía pude sentir el buen sabor de la anhelada paz, la disfruté a plenitud, y entendí que solo este camino tenia deseos de transitar.

Aunque estas alas eran exactamente las que le quedaban muy bien a Alep, es decir, del mismo material, muy pesadas y grandes, sus plumas apuntaban hacia arriba y parecían tocar el infinito, la sensación que produjeron en mí, de paz y felicidad, no resultó en vano ya que vinieron a traer para mi algo que representó una gran bendición.

En el momento en que sentí que Alep no me estaba protegiendo como lo necesitaba, y cuando sentí que una parte de mi había muerto, para cuando ya no pensaba volver a pasar por dolor y sufrimiento, no sólo por mí, sino también por como veía romperse la armadura de mi segundo esposo. De manera inconsciente, Alep comenzó a sufrir una transformación, en la que se reforzó el tejido de Soyixa, apretándose un poco más la malla, con lo que quedó más fuerte, dura e impenetrable, esto hizo que todo el engranaje quedara en mejores condiciones. Para mucha gente era perfectamente imperceptible. Tomemos en cuenta que yo ya era una perfecta actriz.

Mi maestra de tao, con mucha delicadeza me veía y lograba con su mano penetrar todas las armaduras y tocaba mi corazón, con ello demostraba que estaba comprendiendo lo que yo aun no descubría.

Aun no lograba percibir todas las armaduras que había construido y que me estaban dirigiendo la vida. Sólo sabía que había algo que deseaba descubrir pero no tenía la menor idea de qué era. Porque estando tan cerca, en realidad estaba muy lejos de mí misma, de manera inimaginable, casi como un extraño.

CAMUFLAJE

Alep luego de mi segundo divorcio sufrió una nueva transformación, se volvió camuflada con lo que se hizo más imperceptible, enigmática e indescifrable y cada vez más alejada y separada del mundo. Para este momento quienes lograban percibirme coincidían opinando que yo era misteriosa e indescifrable.

Las armaduras que se acaban de ilustrar y describir forman parte de la historia a continuación, son personajes claves que van a ir desarrollándose a lo largo del libro. La mayoría de los personajes tiene a su vez otra cantidad de armaduras, y sólo yo o algunas personas eran capaces de percibirlas, sin embargo, yo no estoy en la posición de describir los egos ajenos, por lo tanto sólo explico las mías, que después de mucho trabajo interno logre conocerlas.

Capítulo 1

¡Fascinación a primera vista!

La fascinación es un estado de ánimo en el cual nos sentimos atraídos por alguien o algo y que nos hace percibir tanto al mundo exterior como al interior desde un nivel de sensibilidad extremo.

¡Reconstruyendo ese día tan importante y significativo, me vestí con la emoción de quien sabe de antemano que va al encuentro de una experiencia romántica y excitante!

No era esa la primera vez que me asaltaba este modo de percibir, creo que es una condición que se encuentra en todos nosotros, sólo que necesitamos desarrollar agudeza y claridad para darnos cuenta de que está allí ese conocimiento y que siempre estará ahí. Si agudizamos los sentidos como cuando intentamos recordar un sueño, una proyección de lo que se acerca, el evento se hace sentir con claridad, podremos prever o intuir algo que va a suceder. Con esa práctica (conexión, concentración, curiosidad, atención, meditación) logré algo que nos pertenece a todos y no hacemos uso de esto como deberíamos, la intuición, el adelantarnos a los acontecimientos y que nada nos tome desprevenidos para mal, que nos tome desprevenidos lo bueno, lo divertido.

Fue posible gracias al estado neutral en el que me encontraba, en cuanto a lo emocional se refiere. Puede parecer un poco difícil para algunos, lograrlo a instantes ya representa un paso, son chispazos momentáneos a los cuales se le pueden sumar instantes, e irse haciendo dueño del estado.

Esto se lo sabía mi madre, esta capacidad la poseía ella ya muy desarrollada y era muy natural. Fue de ella de quien lo aprendí de la mejor manera, siempre observándola y dejándome guiar por sus actos. Para mi madre fue aún más natural su aprendizaje ya que no tuvo una figura de madre presente y aprendió sola.

De pronto con la práctica se hace totalmente natural, es como si una proyección de lo que se acerca se hace sentir, para ello debemos estar en un estado neutral y que el ruido de lo externo no se interponga. También la soledad fue un factor determinante para desarrollar esta cualidad, la cual pude definir como una función de la psique que consiste en adelantarse a los eventos del futuro inmediato justo antes de su manifestación.

De esta manera nada nos toma desprevenidos y se puede evitar que las emociones nos atrapen y se apoderen de nosotros, controlando lo que pensamos, sentimos y hacemos.

El encuentro

Aquella mañana me levanté diferente, parecía ser un día de trabajo como cualquier otro, pero ya en mi centro instintivo se estaba presentando una emoción especial, esa que te hace sentir los colores del día más nítidos, el café de la mañana con el olor más agradable que todos los días y donde la energía de la naturaleza tomaba papel protagónico, como en muchas otras oportunidades, donde el verde tenía un brillo especial, la verdad emanaba luz.

Me dejé llevar por esta fascinación que me estaba proporcionando el día y salí de mi casa radiante.

Llegué a mi trabajo como quien llega a una fiesta. Luego llegó mi paciente/amigo quien me presentó al príncipe morado, el protagonista de esta historia a continuación. Apenas lo conocí e intercambiamos unas cuantas palabras, fue suficiente para sentir una corriente de atracción recíproca y perfecta empatía.

Valoré tanto este primer encuentro que hoy

mientras escribo me atrevo a afirmar que se hizo presente la intuición previa de este momento con gran fascinación. Me embargó un deseo intenso de hacer aquel momento infinito.

Ernest (paciente/amigo) tenía consulta conmigo y me pidió que si podía ver a su amigo James que tenía una molestia en los ojos. Su tratamiento no estaba dentro de los procedimientos que acostumbraba a realizar, era un tema que no era de mi competencia, pero acepté desde la creencia de que cuando tienes el deseo de ser útil, cuando puedes imprimir amor a lo que haces, resulta positiva nuestra intervención.

Decidí atenderlo, mi amigo Ernest hizo un pre ambulo de su amigo James, me dijo que era un hombre brillante en los negocios, entre otros detalles que me dio, que le parecían importantes de describir para que yo lo conociera un poco más o supiera quien se aproximaba. No sólo como paciente sino como amigos porque más tarde compartiríamos todos juntos.

Llegó James como quien ya había entrado a ese lugar muchas veces, como quien llegaba a su casa, cómodo y con una gran sonrisa dibujada en su rostro.

No fue necesario conversar mucho para

identificar que se trataba de un hombre inteligente. Con avidez de conocimiento por el mundo no palpable, cosa por la que yo también siempre tuve mucho interés; muy pronto hablábamos de todo tipo de temas, sentía que teníamos mucho en común en cuanto comenzamos a conversar. Casi de inmediato yo me sentía totalmente atraída. No tuve tiempo de analizar absolutamente nada, no tuve tiempo si quiera de protegerme, había quedado expuesta, así me sentía porque me había encantado, y eso hacía que me sintiera como sin fuerza.

Tenía esa tarde una cita para salir con mi amiga Lucy que estaba llegando al país. Ella era una amiga muy especial para mí, y aunque me costó verlo, ella me mostraba muchas caras mías, nos parecíamos en todo y en nada, tenerla en mi vida era experimentar completamente la ley del espejo.

Mientras atendía a James y charlaba a su vez con mi amigo Ernest quien participaba de la conversación, pues era también de esas personas con las cuales es muy agradable una conversación, estaba también atenta pues ya debía estar por llegar Lucy.

Llegó mi amiga finalmente, y junto con Ernest y James estábamos brindando por la vida, por nuestro encuentro o no sé por qué, allí mismo en mi lugar de trabajo.

Al salir de la consulta nos fuimos a cenar los cuatro juntos, y tuve esa sensación de que todo estaba perfecto, con una deliciosa compañía, el momento, la comida, la conversación, todo era maravilloso, ¿y como no sentirse así compartiendo con gente muy afín a uno?

Al salir del restaurante nos fuimos al apartamento de mi amiga Lucy que tenía una ubicación privilegiada porque la vista del balcón era panorámica y daba hacia el majestuoso Ávila, una montaña mágica que está en Caracas - Venezuela, es verdaderamente un regalo de la naturaleza, la poesía allí esperando ser atrapada por las miradas y el ambiente ideal para disfrutar del compartir, y aunque era de noche, su energía se percibía muy bien, y me sentía bendecida de estar allí. La química y el deseo que había despertado en mi este hombre, me estaba haciendo ver magia y poesía en los mismos lugares que yo había visto ya antes, pero esta vez se sentía mejor, se sentía diferente. Conversamos entre vinos prácticamente toda la noche. Casi al amanecer impresionada con un beso, el cual no terminaba de entender, porque era la primera vez que me ocurría, que recién conocía a alguien y ya me estaba besando, sentía como que estaba fuera de guion, sin embargo, muy pronto me sentí muy cómoda, como que había estado con él toda una vida. Fue dulce, delicado, amoroso. No pensé en más nada, sólo me decía: merezco darme este permiso, vivir esto, aunque sea la primera y última vez. Aunque pensara que ese no era el orden normal, estaba fascinada por ese encuentro, al punto de no querer pensar en nada más.

Así amaneció, muy rápido, tal cual como cuando sientes que al estar viviendo acontecimientos que son muy agradables se pasa muy rápido el tiempo.

Él vivía en España y ese mismo día se marchaba. ¡Y yo estaba feliz! No porque se marchaba, sino porque apareció en mi vida.

Era como haberse encontrado con un príncipe morado, traía una capa y una llave que darían paso a la transformación y al auto descubrimiento. En ese proceso de conexión conmigo y de descubrirme, en muchas oportunidades podía observar la vida con luces de colores, así como la luz morada que acompañaba al príncipe.

Estas no se veían a simple vista ni son comunes en este plano en el que acostumbramos a estar adormecidos. Yo en ese momento de mi vida no estaba preparada para ver los cambios y transformaciones que venían. Sin embargo, tenía una apertura que me permitía experimentar el momento con toda confianza.

Quedamos en permanente comunicación lo cual me emocionaba.

Después de aquel encuentro, apenas un par de días más tarde, ya había comenzado con los auto cuestionamientos, me reprochaba lo vivido de una forma rígida, apelando a todos los principios aprendidos y arraigados en mí, me decía, entre otras cosas, que no debía entregarme por entero a una relación con alguien que era un desconocido para mí, aun cuando yo sentía que lo que me estaba pasando era justo, aun cuando no ignoraba que aquello podía hacerme sufrir.

Me encontraba en una encrucijada, pensando por un lado que lo que sentía era pasajero, pero, por otro lado, fascinada por lo que consideraba un mágico encuentro, sólo deseaba que se repitiera la experiencia.

Así, reflexionaba como siempre lo hace el lado racional y lógico, tratando de responder todas las preguntas para evitar la incomodidad del vacío. Algunas veces las preguntas no tienen respuestas inmediatas y debemos ser capaces de mantener ese vacío para saber qué se puede presentar más adelante, porque todo siempre encaja de manera perfecta.

Resulta que cuando mi amigo estaba por

presentarme a James, acotó que era un hombre con exceso de compromisos y sin tiempo para una relación duradera, siendo una de las razones por las cuales más me cuestionaba, o la excusa que encontré para cuestionarme.

Nunca me había permitido tener algún tipo de atracción o relación con un hombre al que veía por primera vez, o simplemente con alguien física o emocionalmente no disponible. Razonaba, intentado auto convencerme, que un hombre como él tendría muy pocas oportunidades de volver a mi país, y quizás tendría otras mujeres en algún otro lugar ya que por sus ocupaciones viajaba mucho; mis excusas estaban justificadas por reflexiones como la sororidad y muchas tantas razones, como respeto, solidaridad, empatía, que definitivamente hacía que me planteara que era un imposible para mí.

Sin embargo, pensaba que yo llevaba unos dos años sin compartir intimidad con un hombre y sin tiempo para pensar siquiera en una aventura, tan oportuna como la que se me estaba presentando, más allá de mis necesidades de compartir momentos gratos ya que tampoco solía relacionarme con amistades, fuera de mi área de trabajo en la cual me sentía segura, y con una personalidad a la que podía catalogarme en algunas oportunidades hasta huraña y distante.

Describiendo al príncipe morado

Era un hombre contemporáneo conmigo, eso me encantaba y era algo que había deseado, desde los 20 años no me había vuelto a ocurrir, siempre había estado atrayendo a hombres mucho más jóvenes que yo. Tenía tres años sola, casi no me permitía las diversiones, los ratos de esparcimientos, salir a conocer gente poco lo intentaba, pero cada vez que lo hacía la pasaba mal por múltiples razones, como por ejemplo falta de empatía, o que no vibrábamos en la misma sintonía, o simplemente no me sentía atraída; en alguna cita o algún intento de encuentro romántico.

Por todas estas razones sabía que debía darme permiso de sentir y disfrutar lo que estaba viviendo. No todos los días se consigue a alguien que nos pare el piso, porque en realidad James no había llegado a mi vida a moverme el piso sino a pararlo, para que yo me diera cuenta de muchas cosas, pararme a pensar y entrar dentro de mí no era algo de costumbre en mi vida, observarme concienzudamente tampoco.

Por eso me dije: si la pasamos tan bien no podría

estar en una relación de compromiso con otra mujer y si lo estaba, no debía ser tan maravillosa. Esta reflexión no era más que otra justificación, que me conducía a indagar sobre su nivel de libertad para mantener una relación como la que estaba viendo nacer entre ambos, así que le pregunté sobre esto, a lo que me respondió que no estaba comprometido en una relación seria.

Estaba reviviendo mi juventud en una relación con un hombre contemporáneo conmigo y además estaba fascinada. Nos comunicábamos con frecuencia.

Muy pronto me hizo una invitación para vernos de nuevo, la primera a Marruecos, y no la acepté porque continuaba mi debate conmigo misma, y era allí cuando me daba cuenta de que mi indecisión o mi debate partían de que yo también estaba inconscientemente no disponible, tanto física como emocionalmente. El constante cuestionamiento creaba separación de la magia y la luz que había sentido luego de haberlo conocido y haber decidido sólo sentir y vivir el momento, sin analizar.

Luego me invitó a Hawái; en el fondo de mi ser también quería rechazar la invitación, pero esta vez me pareció la justificación perfecta. Necesitaba salir de Venezuela y no estaba nada fácil conseguir los pasajes en ese momento por un tema de crisis en el país. Habían cerrado muchas aerolíneas, ya que acostumbro a viajar con frecuencia fuera de mi país por mis intereses laborales los cuales no me permitían quedarme allí por mucho rato, total que era perfecto aceptar su invitación.

Así que dije: ¡sí! Era la justificación perfecta para salir de Venezuela cosa que necesitaba con premura. Constantemente me decía esto a mí misma, como haciéndome creer que el fin último no era el encuentro romántico, porque así, en caso de algún detalle, el dolor o la desilusión sería menor, puesto que el tema de la vulnerabilidad era tedioso para mí con tantas armaduras, cosa que aun ignoraba y ya me había dado cuenta que con él me sentía desprotegida porque se me era fácil la entrega, y es que así es el amor y las relaciones, cuando te hacen vibrar, cuando te hacen cuestionarte tu propia existencia, es porque es real, y sólo con la verdad y realidad del amor iba a ser posible penetrar en esas armaduras.

Muy emocionada, como quien va a encontrarse con un príncipe encantador, nos reunimos en Atlanta, me estaba esperando como quien espera a una niña, y yo con la confusión propia de una inocente que no sabe que es exactamente lo que quiere.

Luego de un viaje que resultó para mí de muchas horas y muy agotador, estábamos en las Hawái. Posiblemente lo que lo hizo más agotador, fue darme cuenta de lo que este encuentro traería a mi vida y que había algo muy complejo y desconocido para mí.

Sólo tenía la certeza de que de alguna manera yo misma me mentía, conclusión a la que llegué luego de encontrarme con tantas personas que así eran, gente no cristalina con deseos de serlo.

Todos los momentos, los paseos, las caminatas, las conversaciones, hacer el amor, todo resultó perfecto, maravilloso, hermoso, de esos momentos mágicos en los que las palabras siempre quedan cortas. Obviamente muy clara de que no había permiso de enamorarme pero sólo porque yo me censuraba y juzgaba como si se tratase de un error, además eso implicaría la muy dolorosa separación con mi artillería pesada que era mi fiel protección, pero aun lo desconocía, creía que eso podía estar en mis manos o pensé que estaba en condiciones de manejarlo.

Estaba muy lejos de enterarme lo poco que podemos conocernos, y que podemos pasar toda una vida siendo unos perfectos extraños dentro de nosotros mismos, allí estaba yo cohibiéndome de sentir, creyendo que sabía lo que hacía.

Riesgo a perder el control

En ocasiones se asomaba una sensación de incomodidad, de desagrado o la verdad no tengo las palabras para expresarlo. Ante eventos como ir a un lindo restaurante o a una obra de teatro, había en mi ánimo una desaprobación y crítica constante, porque lo que yo quería era simplemente que me pidiera aprobación con anticipación, el hecho de que se tomara la determinación de algo muy bueno, sin consultármelo, (aunque me encantara) me incomodaba. Yo tenía una sed de control y él no me lo permitía porque todo lo tenía en orden, pero esto me descontrolaba a mí. Ver que tomara decisiones sin mi consentimiento no era de mi agrado. Yo estaba acostumbrada desde hacía años, a tomar todas las decisiones estuviera con quien estuviera. Por primera vez alguien me hizo percibir lo controladora que era, ya que aquello me perturbó. Y me hizo darme cuenta de que no se puede soltar lo que no estas consciente de ser.

Me gustaba controlarlo todo a mi antojo, y aunque estaba disfrutando, no concebía que se hiciera todo sin mi consentimiento. Nuevamente el cuestionamiento estaba creando separación entre nosotros y la posible chispa que estábamos encendiendo.

Por otro lado, yo seguía sorprendiéndome con mi

compañero y lo mucho que me gustaba. Él contaba con una percepción no tan común a los caballeros con los que yo había compartido. Cuando salíamos y yo me sentía incomoda, en desagrado, él en seguida lo captaba, más que yo misma porque la verdad en ese momento no estaba consciente. Él preguntaba en repetidas oportunidades: ¿está todo bien? Y yo, llegué a preguntarle que porqué me hacía tantas veces la misma pregunta. Él estaba percibiendo lo que aun yo no percibía.

Se acabó el sueño

Se acabó el sueño y ya estaba yo de regreso en Atlanta. Fue cuando mi cuerpo comenzó a gritar y a decirme todo lo que yo no le permití expresar, sentir y fluir. Comencé con tos, malestar, mocos, lágrimas y alergia; que crecían a medida que nos acercábamos a nuestro destino en el avión.

Yo extrañada, porque siempre había sido extremadamente saludable, muy rara vez algún malestar físico se hacía presente a través de esas armaduras las cuales parecían también fortalecer mi salud física.

A mis espaldas estando en el avión, se manifestó con su capa morada y una luz incandescente de la cual extrajo una llave de cristal la cual insertó en mi espalda con tanta delicadeza que fue casi imperceptible, pero logró su cometido y lo que vino a manifestar en mí. La manifestación era la somatización que yo estaba creando en torno a lo vivido. Mi príncipe morado vino a despertar en mí conflictos psicológicos internos expresados como signos físicos. La gripe tan fuerte que se originó durante el vuelo que hicimos no tenía un origen físico identificable, pero si bastantes síntomas físicos que se resumían en una congestión desastrosa e inexplicable, y que hizo que no quisiera ver más a James por un tiempo.

Pisar Atlanta, fue como transformarme, me sentí aún peor y con una sensación de que no era con él con quien debía estar ni un minuto más, no tenía deseos de dar pasos a su lado, estaba comenzando a sentirme muy vulnerable y descubierta, quería correr, y no estar más ante su presencia, aun no puedo explicar a ciencia cierta qué fue lo que me ocurrió, casi no puedo explicar cómo me sentí. Sólo que tenía ganas de correr y alejarme de alguien que hasta me produjo repugnancia en ese momento, algo en mí se desvanecía, se derretía una de mis armaduras, la más profunda y salía de mis pies como lodo amarillento espeso, pero fluido que se transformaba en negro como petróleo, y la sensación que me estaba causando no lograba identificarla. Quería correr, gritar, sólo logré separarme de él de tal manera que no parecía ir con él, y él caminaba rápido y distraído al punto que no pudo percibir lo que sucedía. En ese momento no sabía que estaba soltando algo y dejando ir para permitir entrar nuevos milagros a mi vida, alguna atadura se desvanecía con esa llave que liberó mi primera armadura, lo que se sentía doloroso e incómodo sería el comienzo de una bendición mayor a todo lo que yo estaba acostumbrada.

Algo en mi perdía equilibrio y me estaba provocando descontrol total, a nivel del cuerpo físico y podía parecerse al dolor.

Me llevó a casa de mi amiga Zoe y ante su presencia me sentí a salvo otra vez, era como que había vivido con él una experiencia horrenda, una pesadilla de la cual justo en ese instante me había salvado y quedé con deseos de estar segura para siempre, eso pensé que era estar protegida, tener una venda en los ojos, para no ver la verdad ya que estaba acostumbrada a mi mentira prolongada.

A partir de este momento esta primera armadura que se desvaneció como lodo, desapareció para siempre junto con la estabilidad que me hacía creer tener. Esta armadura tenía un poder y hasta un control sobre mí y sobre las restantes armaduras porque al despojarme de ella me sentí completamente vulnerable, descontrolada, desestabilizada y con una sensación de estar perdida y sin rumbo. Justo luego de este evento comenzaron a aparecer fantasmas que emergían de mí misma, y no fue cosa sencilla de manejar.

Sentía que algo en mí estaba fuera de lugar y es que esta armadura tenía un engranaje con las otras, ya que esta por ser la primera era la raíz y el alimento de las demás y lo que sentía inconscientemente era que me estaba desarmando, como que mi espíritu y alma quisieran también separarse de mí.

Al estar ya en casa de mi amiga con cierta angustia logré sentir de nuevo tranquilidad y equilibrio. Al día siguiente me llamó James, y le pedí que no lo hiciera más, no me hacía sentir bien ni escucharlo.

Me complació y dejó de llamarme por unos días, al cabo de una semana de nuevo me llamó, creo que él necesitaba una explicación por mi extraño comportamiento, por mucho tiempo no quise inconscientemente identificar qué me hizo sentir así, si fue todo o nada. Pensando egoístamente y desde mi más pura inocencia e ignorancia emocional de que todo se trataba de él llegando a mi vida para descontrolarme. Sobre analizando los sucesos recordaba que percibí su capa y su llave mágica como un enemigo que me provocaba incomodidad.

Comprendí que debía estar sola para vivir lo que venía, y él tuvo la misión de tocarme con esa llave y desencadenar o hacer que se manifestaran mis fantasmas de los cuales no tenía idea de que vivieran conmigo, que juntos habíamos pasado toda una vida, que tenían el poder de transformarse en lo que habían sido armaduras perfectas, la verdad no tenía ni la menor idea de lo que me estaba ocurriendo, de lo que se venía en camino.

Sentía fantasmas que emergían de mí misma y no los podía detener.

Me llamó de nuevo y quise explicarle, cuando la verdad ni yo misma podía entenderme. Intenté salir con él un par de veces más, pero nuevamente la experiencia se tornaba entre dulce y amarga una vez que percibía su capa e intentaba arroparme, cosa que, aunque quise evadir, logró hacerlo; así que me dije: esto no es para mí. Yo sabía que buen trato, lindos lugares, un hombre atractivo y buen sexo no eran suficientes, me hacía falta algo más. Lo que necesitaba era una comunicación e intimidad más allá del cuerpo físico. Definitivamente todo lo que él me daba no me hacía sentir bien ni feliz.

Él cumplió con una gran misión en mi vida. Que él me tocara con esa llave permitió que comenzara a aflojarse lo que estaba perfectamente engranado.

Yo supe que él ya no pertenecía al guion de mi vida, y que su presencia fue muy importante pero absolutamente pasajera. Me encantó a primera vista, y además capté muy pronto que él era una perfecta proyección de mí misma, me encantaba verme reflejada en los aspectos positivos de él que en algún momento no fui capaz de apreciar ni captar en mí. Poder validarme y reconocerme aunque haya venido con una ola sentimientos encontrados y un profundo y prolongado proceso de auto descubrimiento que me mostró lo mejor y lo peor de mí.

Siempre creí haber entendido porqué me hizo sentir tan mal, me sentía como un insecto, totalmente indefensa, y realmente es algo difícil de verbalizar o entender, quizás solo se pueda sentir. Comenzaron a presentarse ante mí una cantidad de acontecimientos que representaban un reto detrás del otro, y estos retos me hacían tocar a diario el mismo infierno, podía en la mañana al salir de la casa y entrar al auto, sentir el calor y este convertirse en llamas, y sentía perfectamente ese fuego que me quemaba. En la medida que esto ocurría comenzaba a derretirme, todo mi cuerpo comenzaba a contorsionarse convirtiéndome en una cantidad de lodo con colores entre verde, morado y marrón, para convertirme en nada, se repetía el primer evento en el cual se derretía mi primera armadura, esa más próxima a mi piel que era como una capa protectora y en instantes descubrir que allí muy cerca del infierno, sólo a un paso, si respiraba y me conectaba con la fe y la creencia de que puedo y he podido siempre, entonces aparecía ante mí el mismo cielo con todas mis armaduras unas sobre otras, desde la más fina y maleable hasta llegar a la que me dejaba tamaño dinosaurio. Entonces podía quedar fascinada ante el milagro de verme y de ver cualquier manifestación de la naturaleza con la maravilla de sus colores y olores, y fundirme entonces en ese prodigio.

Sucedía a diario, aparecía un fantasma, me angustiaba, me producía rabia, tristeza, dolor, una cantidad de emociones en un solo instante y entonces me perseguían las llamas, sentía en mí el infierno, quemarme, fundirme, desaparecer, para que con velocidad asombrosa, de nuevo escuchando el canto de unos pájaros, el ocaso del día, o un cielo de sueño, poder salir del infierno y entrar al cielo para sentirme más fuerte, conquistadora y poderosa que nunca. Dueña del mundo, inmersa en él y con gran certeza. Comencé a observarme más en ese momento, aún no podía ver la forma que tenía hacía muchos años y con la cual me había sentido segura y protegida, casi no humana, de un tamaño, contextura y fortaleza distinto al mío, al real, con una armadura gigante y se adaptaba perfecto a mí, de acero, la que no permitía ni remotamente ver lo que había en su interior. Ni siquiera a mí misma, fuerte como de unos tres metros, con fortaleza y gracia en los movimientos y a la vez sin perder feminidad, con diminutos orificios que no permitían que penetrase nada, sin embargo con extremada dificultad, comenzaron a salir a través de los pequeños orificios de uno en uno y cada dos o tres días uno nuevo, un fantasma peor, que me mostraban que iban a llevarme a ese fuego que podía quemarme, destruirme y a su vez me lanzaba a abrir los ojos para ver lo cerca que estaba el cielo y las batallas a muerte. Ya había descubierto cómo ganarlas, porque recordaba algo que había leído a los 14 años de Sigmund Freud, eso me quedó grabado y a pesar de ser el padre del Psicoanálisis todas las nuevas tendencias y teorías, nacen casi todas de oponerse a sus creencias.

Una la he utilizado y me funcionó para encontrar el arma que hacía perder fuerza a los fantasmas que vivían conmigo, y fue la asociación de ideas. Respiraba profundo, me concentraba y el arma aparecía como por arte de magia, y estaba allí en mis manos, cuando me concentraba, respiraba y pensaba: ¿este miedo a este fantasma con qué me conecta, o con qué lo relaciono de mi pasado? Y la respuesta llegaba, se convertía en arma mágica que me sacaba del infierno de esas llamas, y me permitían evidenciar a mis compañeros de toda una vida, que eran mis fantasmas.

Perdía toda la fuerza con la que siempre me había sentido infalible, y aunque muy pronto estaba tocando el cielo, el paraíso, era como no estar en este mundo, era estar en otra dimensión.

Comencé a enfrentar a los fantasmas y a encontrarme con ellos. Comenzó una batalla que descubrí que podía sobrellevar si lograba identificar la conexión que tenían con épocas y momentos de mi vida, al identificarlos, perdían fuerza, y generaban un contraste que me hacía tocar el infierno e inmediatamente pasar a tener la sensación de felicidad y regocijo gracias a la comprensión, identificación y enfrentamiento con los distintos fantasmas. Esto me hizo comprender que solo yo podía salvarme y recuperar mi verdadero ser, que gracias a las terapias que me habían guiado en distintas oportunidades ahora podía yo misma tomar acción, y entender que hay que hacer todo el trabajo posible por uno mismo.

Pasé unos dos meses en el que cada acontecimiento me hacía poner en contacto o con un fantasma o con Dios, pude ver perfectamente muchos yoes, como los llama Holspenski.

Cada día, por ser verano y en Florida con su clima intenso, al entrar al auto y sentirme en llamas, se detonaban en mí todas las emociones incómodas que me llevaban a tomar acción por mi bienestar. A veces me sentía como cualquier cosa menos humana, parecido a lo que había sentido en el avión en mi viaje de regreso a Miami con James. Las emociones eran tan intensas que se hacían indescriptibles y resultaban transformadoras, ya que podía desaparecer y aparecer en una nube, o en un árbol, o sobre un águila. Era como si cada acontecimiento que me llevaba a mis límites de vulnerabilidad era lo que me transformaría para lograr poder vivir estados de plenitud. Me di cuenta de que yo misma podía transformar la incomodidad en dicha, cuando el contraste se hacía tan evidente e intenso en mi mundo físico.

Aunque me acerqué a las llamas del infierno, pude percibir muy de cerca, que estaba en mis manos, si yo lo decidía, transformar ese fuego incómodo en pureza del cielo, dependía de mi acercarme a la belleza y a la magia.

Había algo que yo sabía y era que atraemos a nuestra vida a nuestros semejantes, atraemos lo que somos. Es decir, James había estado conmigo porque era como yo, era mi espejo, y si algo en él me perturbaba, se trataba de algo que no había querido validar en mí. Identifiqué que, aquella fotografía tan fidedigna de mi persona, reflejada en ese príncipe morado, había sido el detonante o el llamado para el despertar de mis fantasmas. Yo veía a James como un hombre controlador, fuerte, líder, decidía todo lo que se iba a hacer, en el mejor sentido de la palabra, todo lo tenía organizado y estructurado, o al menos eso era lo que parecía, sin embargo, me molestaba, eran características positivas que no encontraba agradables en otro ser. No podía tolerar cómo alguien en mi mundo físico desatara en mí toda aquella cantidad de fantasmas. Él llegó con aquella maravillosa llave, la clave que desencadenó en mí las ganas y la responsabilidad de compartirlo todo ahora.

Cuando perdí la perspectiva, y todo lo veía horrendo, el día que sentí que no podía con el peso, y lo desagradable que encontraba todo en mi entorno, porque estaba tan sensible y revuelta que todo lo veía mal, todo lo veía con el desequilibrio que estaba viviendo, sumado a esto estaba diariamente viviendo una montaña rusa de emociones y sentires del cielo a la tierra, de las nubes al infierno; para ese momento no sabía que debía quemarme por completo, convertirme en cenizas y sólo así renacería como el ave fénix. Necesitaba terminar con todo esto, debía lograr entender y llegar al fondo del asunto, por lo que decidí viajar a New York, la ciudad en la que sabía que me sentiría muy bien, muy segura y protegida, sin que sucediera nada especial para ello, esa ciudad desde el primer día se había robado mi corazón y me acogía con tanto amor y tanta magia que siempre sentía la necesidad de volver, fuese por algo positivo o lo que en ese momento sentía que era algo negativo. Con muy poco dinero y sin saber qué haría allá tomé la decisión de viajar sintiendo que sería lo mejor que podía ocurrirme. Porque ya sabía yo que estar en NY me hacía sentir completa y en balance, y sabía que era en ese lugar que lograría centrarme para encontrar las respuestas que yacían escondidas con tanta incertidumbre y movimiento interno.

Así que salí con mi armadura inmensa corriendo, a la ciudad donde sabía que estaría a salvo para observar más objetivamente todo lo que había estado ocurriendo porque allí sentía que el solo hecho de respirar me hacía feliz, disfrutando profundamente de cada inspiración, apreciando de ver cualquier cosa muy bonita, encantada con todo, fuese algo muy extraño y hasta feo.

¡Por eso sentía una necesidad suprema cada cierto tiempo de estar allí conmigo misma, con la naturaleza y con Dios! La primera vez que fui, fue a los 18 años en un mes invernal y lo primero que vi fue esas plantas típicas del invierno que parecen una flor, y ya las conocía, las había visto muchas veces, mis sueños me las habían revelado. Esa ciudad, su energía, su historia, me hicieron sentir y tener sensación de amor y pertenencia.

Estar allá siempre fue y es como estar teniendo un hermoso recuerdo, de algo definitivamente feliz.

Sería maravilloso que la inteligencia emocional la enseñaran en los primeros años de vida como cátedra escolar, y que pudiéramos desde niños reconocer que cada acontecimiento por muy duro que parezca, es perfecto para avanzar, para dar un pequeño o un gran paso para estar cada día mejor.

La vida te muestra siempre espejos. Personas que en ese determinado momento de encuentro contigo, tienen muchos yoes iguales a los tuyos, en muchas oportunidades son caricaturas, que nos muestran aspectos de nuestra personalidad y nuestro ser agrandados, generalmente es la gente más cercana a nosotros, como por ejemplo las parejas, los amigos, los compañeros de trabajo, los familiares y más. Sin embargo cualquier pequeño encuentro con algún desconocido puede ser una gran muestra de lo que somos o como estamos. El trabajo sería identificar cuándo algo nos molesta en esa otra persona, para buscarlo y encontrarlo en nosotros. Las personas que se relacionan con nosotros en la vida, sin saberlo, nos ayudan a encontrarnos y moldearnos en nuestro camino. Cada persona es parte importante del plan, hasta la persona que me vende el café cada mañana, su trato hacia mí, su sonrisa, o por el contrario, su mal trato, vienen a mostrarme una lección valiosa, por eso siempre digo que no existen las casualidades sino las causalidades. Por eso identifiqué que debo fijarme más en mí, observarme y encontrarme en cada persona que me voy topando en el viaje de la vida. Identificarlo puede representar una transformación, es como pasar la página, encontrarnos una nueva versión de nosotros, superarnos y en definitiva evolucionar.

¿Como no sentir fascinación inconsciente, con la posibilidad de liberarme y comenzar a ser yo?

Estamos sometidos a constantes pruebas en el día a día, pero no todos lo percibimos en su máximo esplendor porque muchas veces vivimos inconscientemente como si estuviéramos formando parte de un sueño colectivo. Hasta que nos damos cuenta de ello. Yo comencé a recapitular mis experiencias vividas en una conexión profunda, como un entrenamiento desde lo divino a lo humano, mientras escribía estas páginas. Pronto me di cuenta de que esto me desahogaba, me liberaba y me sanaba, iba logrando sentirme mejor y con menos peso de mis armaduras.

Fue precisamente la existencia de James quien con su llave, me permitió abrir mis ojos y verme en su reflejo, para poder abrir otras puertas de la percepción, más allá de los seis sentidos. Supe que debía estar sola para vivir lo que venía, y él se presentó con la misión de tocarme con su llave y hacer que se manifestaran mis fantasmas (armaduras) y mis ancestros que venían cargando sombras similares, ellos (los fantasmas) viajaron conmigo y constituyeron mi árbol genealógico, hasta que pude enfrentarlos y no solo liberarme a mi sino a muchos que me precedieron. Caminamos a la espalda de la generación presente, hasta que nos tocó subirnos a la siguiente generación de vivos. Si quieres saber cómo logré enfrentarlos debes seguir leyendo.

Liberando a los fantasmas

Mis fantasmas y yo habíamos estado toda una vida juntos, a través de mis acciones, de mi personalidad, mis visiones, percepciones y sobre todo fortaleza inquebrantable, que había venido desarrollando sin darme cuenta. Podía sentir que tenían el poder de transformarse en lo que habían sido piezas del rompecabezas de mi actual existencia. Cada fantasma se transformaba en armadura, que previamente había sido un suceso crucial en mi vida.

Capítulo 2

Vestida, arreglada, preparada

Antes de tocar el cielo debía recorrer el camino del infierno y ese camino es precisamente el que me ayudó a identificar el cielo infinito que siempre tuve adentro.

El dolor, el sufrimiento, la batalla que me presentaba la existencia material constituyó sin duda la pieza clave para subir o descender en todos los aspectos de mi vida. Cuando entendemos que la consciencia positiva y discernidora es la que nos conduce por la senda de la luz, hacia el encuentro con la dicha, el placer, y las batallas ganadas; o por el contrario, el subconsciente que nos en ocasiones nos lleva a repetir patrones que nos llevan a la más completa senda de la oscuridad, sin camino, perdidos, por además no confiar en las fortalezas que hemos adquirido o que siempre han estado en nosotros.

Pareciera que de no haber probado las desgracias

no es posible apreciar o percibir lo contrario, la luz, es cuestión de entender el balance que hay en la vida. Para poder conocer y apreciar la luz hay que venir de un lugar de oscuridad, y en la senda espiritual sólo come quien obra bien. Este dicho puede parecer o sonar fuerte, sin embargo, es la realidad. En esta vida vamos a obtener todo lo que estemos dispuestos a dar y a ser. Si nos sentimos bien y hacemos el bien, vamos a recibir lo mismo de vuelta, consciente o inconscientemente. Es la ley de la causa y el efecto, al igual que la ley de vibración y atracción.

Hoy afirmo con certeza que he pasado toda una vida realizando esfuerzos conscientes y voluntarios, como inversión productiva en lo que respecta al trabajo interno de realización en uno mismo, estaba en la búsqueda de lo milagroso, aunque para ese entonces no sabía lo que aquello pudiera significar.

He pasado gran parte de mi vida en el camino hacia el auto conocimiento, para entender que es un camino que no tiene fin mientras estemos de paso por este plano. No hay duda de que una vez que comenzamos a tomar responsabilidad por nosotros mismos, encarando a nuestro yo superior, la luz del camino se mueve hacia nosotros. Estemos o no preparados, queriendo o no, el universo siempre trabaja a nuestro favor, somos nosotros los que a veces no nos permitimos los avances y las oportunidades. Es necesario desear el cambio, tener la voluntad y ser constantes con los buenos hábitos. Todos merecemos ese gran cambio e iluminación en nuestro sendero por la vida.

Realicé análisis permanentes desde muy temprana edad, siempre buscando herramientas afuera que me ayudaran más para solucionar todo lo inconcluso adentro. Pasando por estudios y aplicación de herramientas, tales como: el psicoanálisis convencional, *insight*, terapias de *new age*, como la del perdón, hoponopono, programación neurolingüística (PNL), algunas otras como hipnosis ericsoniana, terapias de respuesta espiritual, terapias de renacimiento, constelaciones familiares, yoga, astrología, ceremonias guiadas con plantas de poder y la constante auto-observación.

Lo más importante de todas estas prácticas es el trabajo de auto observación constante y permanente, diario, que me han llevado en la búsqueda del fortalecimiento espiritual para enfrentar y superar las dificultades que se presentan en el caminar y viajar por sendas que no siendo fáciles no dejan de ofrecernos un caudal de experiencias maravillosas y oportunidades para revivir e ir identificando cada día un mayor conocimiento interior, que en honor a la verdad no puede ser descrito utilizando para ello sólo el lenguaje; ya que somos infinitamente más que este cuerpo físico y la identificación que tenemos con él. Con todo este análisis personal buscaba siempre desaprender condicionamientos o patrones familiares. Porque deslastrarse y comenzar de cero forma parte del dolor que hay que atravesar para trascender como seres humanos.

Estando en la búsqueda se fue presentando en el camino todo tipo de seminarios, talleres y cualquier clase de instrumentos capaces de mostrarme indicadores de que había algo interior que desconocía y que luchaba por mostrarse, estaba en pleno crecimiento espiritual. Ante la manifestación de cualquier tendencia que me impulsara hacia la aventura de encontrarme conmigo misma haciendo un recuento diario de todas mis vivencias una a una, me emocionaba, y por esto hoy afirmo con certeza que me preparé para enfrentarlo, sentirlo, vivirlo y revivirlo como una necesidad que aún sin tener muy clara a donde me llevaría tenía la fe de que sería a un hermoso lugar gracias a la magia de la confianza; y al poder que descubrí que tenía dentro de mí y que sólo dependía de mi persona para poder exprimir esa fuerza y convertirla en luz, en magia. Es el devenir de conocerse, el resultado de saber quién eres, de dónde vienes y a dónde vas, sabiendo que además en el proceso podría ayudar a muchísima gente, se convirtió el viaje en una responsabilidad que me haría la mujer más libre y complacida.

Recapitulando

La recapitulación es una técnica utilizada por antiguos chamanes mexicanos, y consiste en un proceso en el cual, y desde la meditación profunda, podemos adentrarnos en el silencio de la soledad interior, en busca de recuerdos del pasado más lejano; con la finalidad de revivir aquellos procesos en los cuales hemos estado en una condición de expansión y apertura que nos permite volver a vivirlos con lujos de detalles; sobre todo los momentos del pasado que nos han marcado y causado fuerte impresión en el ánimo, así que hoy aprovecho lo que he recapitulado. Sin saber que resultaría otra práctica de descubrimiento y sanación, comencé a escribir.

Lista para hacer comunión con la ciudad de Nueva York amanecí, sin planearlo me estaba aventurando en una experiencia maravillosa, con la idea de hacer algo especial. Entonces me duché, me vestí y me arreglé con tanta dedicación, emoción y esmero como cuando vamos a encontrarnos por primera vez con alguien que nos gusta y percibí de antemano que esa persona sería el personaje más importante de la trama de mi vida y yo iba a su encuentro inminente.

Con nerviosismo y emoción me preparé, así que hasta el cuerpo quiso estar en su mejor estado por lo que realicé un poco de ejercicios físicos, estiramientos y movimientos en armonía con lo que estaba sintiendo y con absoluta resolución de percibirme muy bien preparada para hacer frente a cualquier situación.

Fue entonces cuando me percaté de que comenzaba a estar conmigo misma y que todo lo que hacía era un ritual de preparación para este gran momento que era encontrarme, enfrentarme a mí misma, descubrirme, desnudarme, sabiendo además que el acontecimiento no se presentaba para nada fácil, casi tan engorroso como acarrear la artillería pesada que representaba en mi las recias, elaboradas y perfectas armaduras que había comenzado a construir desde tempranas temporadas de mi vida y por las que pasé largas noches en vela para que me sirviera de amortiguador ante mis apegos, lo que consideraba seguridad, para que el dolor no me quebrase sino que me fortaleciera y protegiera ante cualquier acontecimiento. El tema fue que se adhirieron tanto a mí que dejé de ser yo para dar paso a ellas, eran ellas y lejanamente yo, por eso al descubrirlas fue tal el impacto que posiblemente habría sido más sencillo morir sin descubrirlo. A cuantos de nosotros les sucederá así; o cuántos de nosotros se enfrentan con sus propios fantasmas y no los reconocen.

Me vestí y arreglé para el acontecimiento

¡Ya preparada y lista! Perfectamente maquillada, perfumada y vestida para el encuentro, pensé: salgo, paseo, como, y luego escribo, decisión difícil estando en NY la ciudad que amo, la que me hace sentir felicidad, inspiración, enamorada de todo y de nada, en la que sólo respirar representa una experiencia extraordinaria en la que además pude descubrir que podía enamorarme de mí misma y que esto podía ser lo más extraordinario que pudiera ocurrirme, el comienzo del mejor viaje de mi vida, hacia mi interior.

Y de pronto pensé; ¡NO! Lo más importante hoy es escribir, es imperioso, aquella maravilla afuera, hoy puede esperar. Y así comencé a rememorar y a escribir.

Infancia interna

Comenzaré por el principio: Con la idea que tenía de un hogar perfecto, el más dulce y acogedor, el que conocía, con una mamá perfecta, que sin utilizar las formas conocidas de manifestar amor, como abrazos espontáneos, besos tiernos, y demás actitudes típicas de madre cariñosa y dadora de afecto físico, tenía la capacidad más auténtica de demostrar amor infinito sin el uso de las caricias básicas, como dije antes, y que si no las recibimos somos nosotros los responsables de proveérnoslas en caso de requerirlas, es decir, todo el amor o caricias que sientes que te faltó te lo debes tú mismo ahora.

Mi madre entonces me daba el amor que creía posible, lo que ella conocía, y pudo manifestar algo tan intenso, maravilloso e inconmensurable como el poder de amar sin referencias de ningún tipo.

Básicamente ella nunca recibió amor en afecto físico y de ninguna otra forma, carecía de la ternura propia de la mayoría de las madres, más bien fuerte, desprendida, un tanto seca, distante, y al mismo tiempo siempre presente con su alma y su mágica intuición, con dureza y templanza que la hacían ver y sentirse como la más bella, la más fuerte y con todo en su poder, cuando en realidad eso era una coraza, temor y desconocimiento de lo bonito que puede ser abrir el corazón y entregarlo.

Siempre un abrazo es conocido por todos nosotros en este mundo como el acierto más parecido a lo divino con lo que cuentan nuestros cuerpos físicos para rendirse tributo recíproco, no obstante, ese abrazo debe ir acompañado de una increíble y sutil capacidad de hacernos sentir el amor que el receptor del abrazo sea capaz de vibrar en la misma frecuencia amorosa, abrirse y sentirlo instintivamente.

Cuando pasamos por eventos desafortunados y dolorosos, generalmente tendemos a cerrarnos para no sentir esas heridas, lo que no sabemos es que cuando intentamos adormecernos para no sentir dolor, también podemos coartarnos de sentir dicha y amor. Curar las heridas toma tiempo y valor, es más fácil y rápido si las escondemos y hacemos que las olvidamos, y es eso lo que venía haciendo durante años. Lo cierto es que de nada sirve colocar la basura debajo de la alfombra cuando al final se va a acumular y saldrá por otro lado. Definitivamente ocultar o ignorar lo que llevamos por dentro, que de pronto nos ha hecho daño, no es lo mejor que podemos hacer, no es la solución, ya que el problema queda latente.

Mi madre sembró en mí esa hermosa flor que no necesitaba ser regada con caricias físicas ajenas, saberla allí representaba felicidad y seguridad para mí. Y además me enseñó a reinventarme y aprender a regar esa flor yo misma, a conocer la belleza inminente de la rosa y jamás desecharla porque tiene espinas, me enseñó lo que significa la intuición y como me ayudaría en la vida, me enseñó a luchar sin darme pistas, fue la mejor maestra que pude tener y vaya que tardé en darme cuenta de eso, a pesar de que yo la escogí en primera instancia, y así lo hacemos todo antes de venir a este mundo. Me enseñó a mirar más allá de lo aparente con ojos de amor incondicional y un profundo e innato conocimiento de la sabiduría ancestral.

A pesar de sus antecedentes de vida, habiendo sido huérfana desde los 3 años, con una infancia difícil, fuerte y solitaria, habiendo sido criada en una casa hogar, se mostraba al mundo con total seguridad y alta autoestima al punto que parecía un ser humano distinto a los demás, o por lo menos así la veía yo, nunca se quejaba de nada, ni cuestionaba su pasado o a sus padres, tampoco supe nunca de algún rencor que ella guardara por nadie, estaba aferrada a Dios y sabía que iba por buen camino, lo que la hacía vivir alegre y contenta cantando por la vida y regalándole a la gente su simpatía y sus ocurrencias, tan segura, tan fuerte, a la que nunca vi derramar una lágrima aun en los momentos más difíciles. Mi madre definitivamente poseía una armadura medieval muy grande y poco elaborada. Su color era un metálico rojizo, claro que no estaba visible para todos, ni para mí misma, solo pude captarla hacia finales de mi escritura de este libro y logré visualizarla al haber captado cada una de las mías.

Fortaleza que aprendí, copié y posiblemente fue la razón por la cual pude luego elaborar sistemas de protección de avanzada, ella me proporcionó las herramientas, me mostró un camino que parecía seguro, me enseñó a creer en mí y me mostró que cualquier adversidad podría ser vista como un acontecimiento más y que la meta era continuar creyendo que había un plan divino el cual podíamos manifestar si en ello creíamos, también me enseñó a entrenarme para ver lo bello en todo, y para ver a Dios en todas las cosas y personas.

Esto podía ser una realidad y se convirtió en mi verdad, aprendí de ella sin que fuera muy didáctica, sólo por imitación inconsciente, puesto que nada me lo decía, nada me lo aclaraba, yo me iba dando cuenta de todo porque eso era lo que ella quería sin darse cuenta, me entrenó para ser capaz de entenderla más allá de las palabras.

Nuestro cerebro puede ser entrenado de la misma manera que entrenamos el cuerpo físico, y gracias a ese entrenamiento podemos ver que cada día es posible usarlo a plenitud, que cada día puedes más si te lo propones, todo lo que observaba en ella podía convertirse en una herramienta más valiosa.

Sólo hace falta la práctica constante, concentración y dedicación diaria a todo ese mundo que no vemos, comprometerse a ir hacia dentro diariamente, y si decidimos dedicarle atención comenzamos a ver sin tanta objetividad, sin fijarnos en la figura ni forma, sin juzgar, sino más bien viendo el fondo, con más sentir del corazón, y entonces podremos constatar que posiblemente este mundo subjetivo y espiritual es más rico que el mundo material o quizás comencemos a sentir que este mundo interior tiene mucho más peso e importancia, es como que comenzáramos a tener contacto con otra dimensión de nosotros mismos que es elevada y por lo tanto más nutritiva, rica y especial. Se hizo algo normal para mí el punto de vista de mi madre frente a la vida, su optimismo y alegría en las circunstancias que fueran.

La figura del héroe

De mi padre me toca reconocer que he disfrutado encontrarme con un hombre como él. Un papá maravilloso, romántico, soñador, poeta, héroe y guapo, de esos que te hacen sentir que todo lo pueden, que con él no existían los peligros, que ante su presencia nada podía perturbarme, era para mí el perfecto sueño romántico de cualquier niña. Al ajuar familiar debo agregar una hermanita menor, Celeste y un hermano oso Otelo, que llegaron a mi vida casi al mismo tiempo, esto completaba el hermoso cuadro familiar, sentí sus presencias como las de unos seres que habían llegado a mi vida para dar el mejor de los sentidos, hacerla nutrida y divertida, emocionante y única, jugaba con ellos mientras crecíamos y me hacían sentir la más importante, querida y feliz.

Casi sin notarlo Otelo creció tanto que se hizo un gigante muy peludo, con mucho carácter, pero con la sola disposición de dar amor y ser nuestro aliado y aunque pudiera imponerse con gruñidos y ladridos de monstruo por su tamaño, siempre fue incapaz de hacernos daño, nos comunicábamos con él de manera especial, humanizado participaba en todos nuestros juegos y en nuestra vida en general.

Jugábamos con personajes invisibles los cuales tenían personalidades bien definidas con carácter, gustos, tendencias e inclinaciones. Un mundo aparte de nosotros, único y especial, muy nutrido.

Desde nuestros primeros pasos en la adaptación al mundo, a pesar de la rigidez militar de mi padre, y su voz de trueno, cosa que no percibía sino como amor, la vida transcurría sumergida en fantasía, poesía y de ese amor original que sólo ellos me sabían dar. A diario mi padre que era poeta nos decía alguna frase profunda y poética con la cual nos expresaba su amor, esto lo percibíamos como lo más puro y verdadero. Lo que sea que venga de nuestros padres en nuestra tierna infancia, raramente lo veremos distinto al amor, venga con el disfraz que venga. Lo percibíamos como verdadero y único amor. Mi padre poesía una armadura de menor tamaño que la de mi madre, muy similar. Sin embargo, casi siempre parecía de mayor tamaño gracias al estruendo de su grave melodiosa y hermosa voz, esta armadura tenía a su vez unos grandes ojos que eran parte de la armadura, de colores amarillos verdosos, que infundían miedo y tornaban a rojo cuando parecían convertirse en armas letales que hacían temblar. Sus armaduras eran más visibles que las de mi madre. Las pude identificar antes que las de mi madre, además que las de los dos me sirvieron de ejemplo, el cual supe en todo momento.

En una casa grande y bella, con patio al frente y atrás, teníamos la oportunidad de correr, jugar y retozar el día completo en compañía de mi hermana y ese oso humanizado que creció mucho y que a ratos parecía una bestia salvaje por sus gruñidos y su actitud. Parecía haberse mimetizado con mi padre al cual amaba y respetaba por sobre todos y sumado a esto parecía de alguna manera haberlo copiado y admirado. De hecho su mirada y ojos eran muy similares, infundían respeto, mas yo solo podía percibir en ellos amor. Intentando poner carácter especialmente con su mirada, era capaz de transmitir sin palabras todo lo que se lleva por dentro, del mismo modo en que lo hacía mi padre, no sé si lo de las miradas penetrantes e intensas lo aprendí del oso o de mi papá, las cuales decían de todo sin utilizar las palabras, de esta forma infundían temor y terror.

Aprendí a protegerme de esa forma, usando miradas penetrantes y retadoras.

Con todo y ese comportamiento volátil teníamos plena seguridad de que nuestro Otelo no nos traicionaría, de hecho, lo vimos revelarse hasta intentar agredir a mi madre sólo para defendernos cuando notaba que ella nos reprendía, para luego salir él también castigado junto con nosotras. Se convirtió en nuestro amigo y defensor participe de ese mundo especial de nosotros en el que éramos 3 personajes visibles y los demás invisibles, más las muñecas que cobraban vida también, hablaban, reían, discutían, tenían sueños y esperanzas.

Salíamos a pasear, viajábamos con frecuencia al encuentro de distintos escenarios naturales como la playa, la montaña, siempre acompañados de nuestro equipo mágico papá y mamá, hermana y oso, intentando cubrir el sueño de mi padre de conocer todo nuestro hermoso país antes de salir de él.

Toque a la realidad

Cuando estaba más apegada a mi hermosa fantasía o realidad llegó un terremoto a mi vida interior.

Una noche, la más oscura que hubiera visto, esas donde la luna apenas se asoma con timidez, nos despierta Otelo con sus grandes garras, aullando para anunciarnos que estábamos en peligro y a la vez como sin querer hacerlo. Ese era un día diferente y especial porque mamá y papá no estaban en casa; llovía torrencialmente y estábamos solas, nos empuja y nos despertamos entre truenos y relámpagos y una lluvia que se sentía que caía como un río desde el cielo. Al levantarnos notamos como corrían cascadas de agua con barro amarillo y marrón que brotaban de las paredes, y que terminaban formando un rio de pantano que inundaba toda la casa, este nos superaba las rodillas, salimos guiadas por Otelo al patio delantero, huyendo, completamente aterradas, indefensas, desprotegidas, por primera vez solas y sintiendo todas estas emociones. Mi hermana tenía 5 años y yo 7 años. En medio de la desesperación salimos de la casa al patio de la entrada, Otelo aullaba y nosotras pedíamos auxilio a gritos, llamábamos a nuestros padres con la esperanza de ser escuchadas.

Aparecieron vecinos que al escucharnos salieron a rescatarnos, nos llevaron a su casa, nos arroparon porque estábamos completamente mojadas, esto quizás nos hizo sentir peor porque por primera vez teníamos sensación de pérdida infinita.

Descubrimos ese día que en un instante puedes perderlo todo, y quedar totalmente desprotegida e indefensa.

Ese día ya con sensación de calma, una vez que habían llegado nuestros padres, me sentí en la necesidad de construir mi primera armadura, una tan liviana e imperceptible como una tela, pero muy resistente, que protegía todo mi cuerpo en ese momento, pensé que estaría completamente segura, sin imaginar todo lo que faltaba por venir, cubrió todo mi pequeño cuerpo como otra piel sobre la mía, color pantano brillante, entre marrones y amarillentos, se adhirió a mí y me sentí más segura. Había llegado a mi vida Glinix para protegerme y quedarse conmigo casi siempre como una segunda piel.

Así que cuando estaba más apegada a mi zona de confort, a mi fantástica y hermosa realidad, mis padres deciden divorciarse, nos abandona el héroe, deciden regalar a Otelo y nos quedamos sin casa.

La lluvia con su aterradora caída sobre nuestra casa, anunció el desplome del hogar.

Separación y dolor

Conocí el dolor que produce la ausencia definitiva muy pronto, ya tenía 7 años y entonces ya no sabía por quién o porqué lloraba, no sabía que comenzaba a desconocerme, que comenzaba a ser una extraña en mí, que comenzaba a alejarme de mi verdadero yo y en el fondo sabía que lloraba por mí misma.

Allí también pude reconocer otra característica humana como lo es la auto compasión, que es una de las demostraciones de amor más grande que nos podemos hacer, y proviene de la aceptación. Aunque estaba inundada en el dolor, logré entender y aceptar mi situación, teniéndome compasión por lo que vivía.

Todo esto me sirvió para aprender la lección sobre el sentido que se da a las pérdidas afectivas. La experiencia me enseñó que existía un horrible sentimiento al producirse una separación física. Pude comprobar que se producían sensaciones físicas muy desagradables, como el dolor en el pecho que queda profundamente arraigado, ocasionado por la pérdida. Lo más fuerte fue darme cuenta, muchos años después, que si no validaba esas emociones cuando sentía que había perdido algo o mucho, luego en el futuro, cualquier acontecimiento que generara una emoción similar a ese dolor, iba a resultar un detonante para no sólo sentir esta nueva experiencia sino aquella del pasado que escondía, que la cubrí con mi primera armadura. Glinix que vino a servirme de protección. Esta comenzó a producirme la seguridad que necesitaba y lo que realmente hice fue prepararme para lo que venía.

Infancia interna, no tan tierna

Repentinamente surgió la separación de mis grandes amores, aquellos en los que confiaba, los que me habían prodigado amor y apoyo. El fatídico divorcio que llegó a destruir la vida maravillosa a la que me había apegado. Nos habían dejado a mi hermanita y a mí en un lugar donde me sentía perdida, sin libertad, sin apoyo, encerrada y presa. En un internado.

Todo era muy confuso para mi alma y mi ser, seguía sin entender cuál era la causa, el motivo de todo el terremoto que comenzaba a vivir, quería saber si había alguna razón para que mis amados padres, ambos en concordancia nos recluyeran, nos dejaran en un lugar tan frío, sintiéndonos presas. Desde muy temprana edad me había esmerado en agradar a los adultos, tratando de ser y hacer todo perfecto, según mis cálculos todo lo había hecho bien, por eso no entendía esta nueva vida en el internado.

Por mucho tiempo pensé que algo muy importante tenía que haber ocurrido, pero nada por muy convincente que pudiese ser, podría justificar lo que para mí si resultaba muy grave, y que no valía la pérdida de la libertad.

A tan corta edad entendía que para estar encerrada debía haber actuado de manera que lo justificara, y nada lograba convencerme de alguna responsabilidad o culpa que mereciera estar presa como castigo.

Los estados de ánimo

Luego del sufrimiento causado por la separación

vino el infierno en lo que se constituyó para mí el internado, el presidio más feo, frío y lúgubre.

De acuerdo con el estado de ánimo que pesaba sobre mí, los días me resultaban los más fríos, donde el sol no tenía brillo, ni color. Se divisaba a lo lejos el mar como una vieja pintura inalcanzable, este se veía triste y opaco entre la neblina.

El viento aullaba de manera ensordecedora, como una película de terror eran todas las características del lugar y de mi percepción.

El piso de los alrededores de las dos sedes del internado eran de arena y no hacía que evocáramos el mar y su calidez.

Al pasar de una cede a la otra, en la mañana muy temprano, cuando salíamos a tomar el desayuno, o en la tarde a dormir, vivíamos en un constante reto, todo tenía la forma de una penitencia. En distintas oportunidades en el camino nos encontramos con serpientes que parecían retarnos, que se atravesaban como mostrándonos ser dueñas del camino.

Cada acontecimiento cotidiano representaba un castigo, desde levantarse a las 4:00am con el llamado de la banda sonora del internado a todo volumen, para ir a marchar, aunque era casi lo único que no me desagradaba de todo el lugar, porque me animaba estar de pie y en movimiento, fue ahí cuando descubrí que el trabajo físico me reconfortaba. Años después y precisamente escribiendo este libro, me di cuenta de porque la marcha matutina era prácticamente lo único que me agradaba. Cuando realizamos ejercicios físicos se requiere de nuestra atención, concentración y compromiso pleno al momento de realizarlos, cualquier actividad deportiva requiere de nosotros en su totalidad, incluso si pensamos podríamos olvidar la cuenta o el movimiento que estamos haciendo. Esto quiere decir que todas las mañanas era la mejor parte del día, porque esa marcha era una meditación y me permitía por unos momentos olvidarme de todo lo que sucedía en mi mundo físico, para sumergirme en mi infinidad placentera. El trabajo físico podría convertirse pues en una herramienta primordial para sumergirnos en estados meditativos inconscientes.

El día comenzaba con mucha presión de tiempo porque todo estaba calculado en minutos exactos.

Hacer cola para ducharnos, en formación, desnudas en un baño enorme con regaderas una al lado de la otra y aunque eran aproximadamente unas 20 iguales, había que esperar tiritando de frío en el cuerpo físico, pero más en el cuerpo del alma y del espíritu, que sentía tan vulnerable, por como lo percibía en el temblor del cuerpo, constataba cuando me duchaba que siempre podía estar un poco más frio, porque en realidad el agua era helada ya que era una zona alta, montañosa y no había calentador. El internado quedaba ubicado a las afueras de la Capital, en una montaña retirada de la ciudad.

Esto ocurrió en el Junquito, donde la temperatura es bastante fresca para lo que estaba acostumbrada en Caracas, la capital, donde la temperatura todo el año es perfecta, cálida, maravillosa y paradisíaca.

En contraste ahora estaba en un lugar muy distinto a lo conocido hasta ese momento por mí, me encontraba en un nuevo espacio en donde había que hacer formación para todo. Para el aseo personal y para las tareas más cotidianas e íntimas como cepillarse los dientes, con la incomodidad de la no privacidad para nada, cosa que sólo identificas cuan desagradable puede ser si lo vives.

Cualquier comentario que pudiera haber sido positivo en otro contexto, yo allí lo sentía invasivo, tales como: ¡qué cuerpo tan bonito tiene ya esa niña o qué cabello más brillante! Cualquier comentario como estos podían presentarse en las largas formaciones en las cuales me sentía evaluada e incomodada, aunque fuera para bien.

La hora de la comida representaba la hora del peor castigo diario, esta tenía la particularidad de olor y sabor indescriptibles por desagradables, no existió ni uno sólo con buen olor o sabor o por lo menos buen aspecto. Hasta para esto tan desagradable había que hacer una larga cola, quizás la peor, porque el olor que se apoderaba de todo el lugar era para mí el mayor insulto a mis fosas nasales. De tal manera que conocí la comida más infame que no imaginé que existiría, nada en absoluto me agradaba, la vista, el olfato y el gusto quedaban como ofendidos con el desconcierto en el comedor del internado.

Aprendí que casi no era necesario comer para vivir, entendí que podía olvidar el hambre, y si la hora de la comida era la hora del castigo, entonces decidí mejor no tener hambre y así fui identificando que podía dar órdenes a mi propio cuerpo. Mis alimentos preferidos como a muchos niños eran las frutas, postres y golosinas, y estos eran inexistentes en este lugar, por supuesto.

Alguna que otra niña traía de su casa golosinas, después de su visita a casa los fines de semana, y no estaban dispuestas a compartir nada. Yo desarrollando mis mecanismos de defensa tampoco estaba dispuesta a permitir que me provocaran.

De niña consentida y amada pasé a vivir en estado de defensa. En un lugar donde el tiempo parecía haberse detenido y por ende se me convirtió en la eternidad.

Armas duras / mis armaduras

Esta experiencia me sirvió de fortaleza para construir la más elaborada y resistente armadura, con dedicación, paciencia y empeño; porque todo esto me hizo identificar que quería probar el triunfo en la vida. Así que aprendí a tejer en mis momentos de salida del internado, con la ayuda de mi madre, comencé a tejer entre lágrimas e hilos de sueños muy resistentes, mi segunda armadura con perfecta armonía y belleza, aunque con dedicación, sin mucho esfuerzo, rápidamente tenía lista a Soyixa, me resultó tan apropiado que hasta decidí tejerle a los demás, mas no logré tejer armaduras para otros, mi intención no era suficiente, y para ese momento yo creía que podía depender de mí el ayudar a alguien o querer hacerle el camino más sencillo. De esta manera decidí que lograría tener todo aquello que quisiera y al salir de este presidio ya estaría preparada para la batalla de la vida pero sobre todo estaba dispuesta a lograr lo que me propusiera desde el trabajo, el amor y la dedicación y no desde el sufrimiento. Me preparé con decisión para ser vencedora, intentando evitar el sufrimiento inútil y desgastante. Para este momento identifiqué que lo que hiciera con gusto y amor aunque fuera trabajo, podría convertirse en mi diversión.

La mecanicidad

Yo pensaba en mi niñez que "conocerme a mí misma" quería decir saber lo que me gustaba o no, las capacidades que tenía y mis intenciones. Pero me di cuenta cuando comencé a escribir de que yo era como una máquina con funciones desconocidas y complejas y que estaba obligada a conocer el funcionamiento de todas y cada una de mis partes, y esto sólo era posible lograrlo observándome, pero además debía aprender cómo observar todas las manifestaciones mecánicas y los rasgos dañinos que se encontraban en mí; sobre todo la mentira, por ejemplo, hablar sobre cosas de las cuales sólo había escuchado hablar a otros, como si ya manejara el conocimiento real sobre el asunto. Cuando yo descubrí tras la observación de mí misma las mentiras que me decía a mí y a los demás, y el control que ejercía esta forma de mentirme, llegué a tener miedo porque descubrí además que no conseguía control sobre esta dañina situación en la que me dejaba esa manera de mentir, absolutamente mecánica y además descubrí, que no sólo debía observar sino fluir, porque si me resistía no podría observar, ni mucho menos entender.

Las dificultades que se presentan para observar la mentira, la imaginación que nos lleva a sobre analizar o tomarnos las situaciones de manera personal para crear escenarios que ni existen, la expresión automática de emociones negativas y el parloteo incesante e innecesario demuestran al hombre su total *mecanicidad* y la complejidad que tenemos de luchar a favor de la verdad y el auto descubrimiento. La mecanicidad es vista en el hombre como la imposibilidad de actuar, pensar, moverse o hacer de forma consciente.

Con la sensación de que en todo el internado no había una persona con sentimientos de amor, me percaté de que todos eran robots, maquinas programadas para obedecer sin discernimiento propio. Este fenómeno observado con plena consciencia, me demostró que, de este modo, con la rutina del adormecimiento en vida, el ser humano ordinario adquiere la costumbre rutinaria de comportarse de modo mecánico sin sentimientos ni emociones humanas. Ahora entiendo que ese comportamiento es producto del adiestramiento que genera el sistema, una manera de vivir adormecidos y no sensibilizarse con lo que ocurría ante sus ojos; esos robots que trabajaban en el internado se encargaban de imponer disciplina y no mostraban ni un poco de sensibilidad ante la presencia de niños inocentes, desvalidos y hambrientos de amor.

Robots absolutamente metálicos e insensibles, jamás ninguno mostró algún rasgo que lo hiciera parecerse a un humano como algunos otros robots de otros lugares. Tal era el grado de automatización e inhumanidad que ni nombres tenían, me he esforzado por recordar algún nombre y la verdad que no hay uno en mi almacenamiento de recuerdos. Hasta los niños eran bastante fríos y distantes.

Sólo existía un ser humano, mi hermanita, a la que tampoco entendía mucho porque se sumó a toda esta película sin mayor problema y hasta como impresionada por mi sentir, mi incomodidad evidente, por mi llorar y sufrir continuo. Permanentemente vigiladas para que todo se realizara como ellos esperaban en un tiempo previamente estipulado y rutinario.

Esta temporada poseía unos paréntesis que se daban los fines de semana, podíamos salir si nuestro comportamiento había sido el esperado por ellos, los robots que conducían el ritmo de los acontecimientos en el internado.

Un fin de semana salíamos con mi padre y otro

con mi madre, y no sé si estas salidas intensificaban el dolor, o no sé por qué tenían peor sabor, o no sé qué sumaba más dolor si estar interna o salir y constatar que esto tenía una duración de escasos día y medio y comprobar que lo que vivía era una total pesadilla.

El amor que me prodigaban esos días intensificaba el dolor que sentía mientras estaba encerrada. El buen sabor y olor de la comida en esos días afuera, acentuaba toda la experiencia desagradable que vivía en el internado en torno a la comida.

La sensación permanente de que pronto se acabaría el tiempo de ese día y medio, hacían que lo que pudiera haber sido agradable se tornara desagradable, triste, amargo. No lograba sacar de mis pensamientos esa idea de lo que era mi realidad. Cuando estaba afuera, en lugar de sentir paz o calma de estar acompañada de mi familia, sentía angustia, desasosiego. Sentía que me faltaba el aire y me producía desesperación pensar que muy pronto estaría de nuevo en la prisión.

Todavía en esos días en los que ya me había colocado mi súper armadura de protección contra el sufrimiento que pudiera venir de acontecimientos externos, aparecían momentos de debilidad, en los que se aparecían dos brujas como las de los cuentos, de esas que ante todo son falsas. Nos trataban a mi hermana y a mí con cariño y nos daban obsequios en público o específicamente cuando estaba cerca de mi padre, se mostraban ante mi héroe como un apoyo en su vida. Una de esas brujas hablaba suave y con dulzura, muy bien vestida y con olor muy agradable, pero por momentos tenía una gran capa negra con capucha, la cual la tapaba toda y no podía ver nada de ella, en oportunidades nos daba limosnas de falso amor, siempre cubierta con su capa negra como para no ser descubierta de sus verdaderos sentimientos, salían de su boca frases con intención maliciosa y doble sentido, pero eran dichas con dulzura, confuso para un niño y ahora que lo recuerdo estoy segura de que se escondía sobre todo de ella misma, la verdad se protegía de nosotras, unas niñas débiles e indefensas, cuando en realidad necesitaba protegerse de ella misma. Se trataba de la nueva compañera o pareja amorosa de mi padre, y yo era tan inocente que años después logré percibir que era una perfecta bruja.

La otra bruja era una amiga de mi madre, malvada, pero la acobijaba en su casa mientras nosotras estábamos en el internado, ya que mi mamá había quedado sin donde vivir. Siempre tenía frases humillantes y horrendas, que intensificaban mi dolor en ese momento, yo estaba muy frágil. Esta bruja también permanecía con la misma capa negra larga con capucha que en muchas oportunidades la cubría por completo para quedar de ella una figura negra fantasmal que en honor a la verdad mostraba lo que se esforzaba por esconder, y aún peor las razones de sobra que sus oscuros sentimientos le otorgaban, tenía mucho que esconder, y razones de sobra para vengarse del mundo y escoger a las más débiles e indefensas, mi hermana y yo.

Todo esto impulsaba a mi alma a seguir trabajando arduamente en la construcción de mi elaborada armadura, la cual estaba diseñando sin ningún tipo de premeditación, totalmente inconsciente. Simplemente trabajaba para que nada ni nadie pudiera atravesar o penetrar mi alma y hacerme daño de nuevo, que pareciera indestructible, fuerte y a la vez muy flexible y suave. Todo un engaño, estaba armando la gran mentira de mi vida, y a la vez las que me permitirían lograr muchos éxitos y alcanzar metas.

Así que esa parte de mí que ya conocía el plan, tejía apresuradamente, porque era que ya necesitaba estar fuerte. Necesitaba que pareciera un perfecto humano cuando realmente me estaba convirtiendo en algo distinto, me quería deshumanizar, ya que mi idea era no sentir. Probablemente, dentro de mi inconsciencia intentaba copiar y mejorar esos robots del internado, porque yo no sería un robot cualquiera sino el más grande e impenetrable.

Me percaté en esa época que también el trabajo físico tenía la capacidad de sacarme de contexto y comencé a experimentar satisfacción, tranquilidad y hasta placer, con el solo hecho de marchar porque este era un colegio militar, sólo eso me hacía sentir muy bien, también lo identifiqué en nuestras rutinas de ejercicios que me permitían tocar vestigios de paz. Se transformó en el medio a través del cual hacía contacto conmigo misma, por lo que se convirtió en mi aliado predilecto y continúa siéndolo, inseparable compañero que nunca me falló (el ejercicio físico), reconocía que si quería hacer contacto con la paz, debía mover mi energía hacia ello, me lograba acercar más a mi yo superior y lograba traspasar las barreras de las armaduras a través del sudor y el esfuerzo del cuerpo, sobre todo era positivo porque lograba encuentros con la ya desconocida ¡Yo!.

Mi par de armaduras Glinix y Soyixa lograban distanciarse un poco de mí cuando yo hacía ejercicios físicos, porque ellas sabían que en ese momento no las necesitaba. Se distanciaban a unos 10cm de mi cuerpo físico para permitirme un pequeño acercamiento a mí misma, mi ser esencial, mi alma.

Lecciones

Una lección que quedé valorando como parte de un plan desconocido donde la disciplina y el desapego se terminaban asimilando como guías para el propósito de lo que fuera que estuviese fraguando.

Por el contrario de lo que se podría pensar, sentía que me correspondía vivir todo aquello que estaba reservado para mí, y me prometí con la fortaleza que fui desarrollando, que estaba dispuesta a recorrer un camino distinto, así continué tejiendo pacientemente mi armadura y me dispuse a ser una guerrera de la vida.

A los 9 años decidí que no sobreviviría en la debilidad jamás. Pensé que no viviría algo más duro que eso. Además, entendí que no estaba en condiciones de seguir viviendo inhumanamente, y no quería vivir en lugares carentes de amor incondicional por lo que decidí escoger caminos dulces o que así lo parecieran.

Cuando logré liberarme del encarcelamiento, creí haberlo dejado todo allí, finalmente me había separado de cualquiera que pudiese haberme encadenado a los procesos de encierro y sometimiento que me hicieran sentir sensación de soledad. Todo ese dolor, esas experiencias y esos robots no volverían a estar cerca de mí.

Cuando menos lo esperaba y sin darme cuenta ya poseía la más elaborada y perfecta armadura. Hecha con tejido de puntos tan pequeños y apretados como para que me permitiera sentir a salvo, muy similar a las armaduras o mayas usadas por las tribus celtas pero la mía, Soyixa, cubría mi cuerpo en su totalidad. Artillería fina, fuerza física y mental, en ese que parecía un cuerpecito débil y pequeño, eso era lo que podían observar los seres humanos en general, los que permanecen adormecidos.

De mi aspecto físico, ese con el que vine al mundo, ya no quedaba casi nada.

Mi madre me decía que incluso desde muy temprana edad, usé mi primera armadura, fue en los ojos, se hicieron impenetrables, difícilmente predecibles, duros, y en oportunidades casi implacables, para algunos hasta odio podían sentir de mi parte, cuando realmente lo que siempre escondían era debilidad y falta de amor.

La temporada en la que transcurrió todo este acontecimiento del internado, para lo que llamamos tiempo en la tierra, duró dos años, para mí una eternidad.

Comenzó desde entonces y aun no se la razón lógica, una fe férrea y absoluta que inundaba todo mi ser, era mi confianza y seguridad en mí misma y el futuro prometedor que yo sabía que estaba construyendo.

Una virtud: La fe
Mucha gente ante infortunios se hace incrédulo, pero a mayor dolor, en la misma proporción aumentaba mi fe y aunque sentí que fue eterno comencé a proyectar lo que seria.

Gracias a mi madre, la gran Chamana, esa que desde siempre tuvo capacidades extraordinarias y que cada día me mostraba dones del uso de la inteligencia superior. Capaz de leer pensamientos, adelantarse al tiempo, muchas veces captando el futuro con sabiduría infinita, para regalar siempre las palabras más acertadas, para vivir adelantándose a las épocas o al tiempo, y a mi admirado soñador héroe, poeta que me enseñó a vivir desde la poesía, donde la magia y lo no palpable era lo natural para ellos y era además el día a día de ambos. Aprendí gracias a ellos a disfrutar, soñar tanto despierta como dormida y apreciar cualquier expresión que me proporcionara la naturaleza con plenitud y profunda fe.

Ahora me siento de treinta años, mientras que

en aquella época sentía que me había caído un peso encima que me hacía sentir como de noventa años.

Quizás era el peso de mi elaborada armadura, esa que tejí con el material más impenetrable y pesado, sumado a todo el dolor que estaba atrapado dentro de ellas.

Sin embargo, aunque mi cuerpo estaba completamente cubierto, me aseguré a la vez, de no convertir esta importante pieza artística en un arma tan dura y rígida que impidiera completa flexibilidad y el grácil movimiento felino con suficiente apertura y ligereza, tanto que posiblemente fuera casi imperceptible para los personajes cercanos de mi entorno.

La infancia se volvió una experiencia muy interna, casi oculta a los ojos de la niñez. Dejaron de interesarme los juegos infantiles muy temprano, ya no eran para mí, para ocupar mi vida casi por completo a la idea que decidí que fuera mi historia, desde entonces supe que había un plan preestablecido y estaba dispuesta a trabajar para cumplir con este. Se convirtió en una promesa, casi toda mi energía la empleaba en dedicarme al proyecto que decidí que era el más importante, y que tenía que ver simplemente con vivir a plenitud y aceptar mi vida e identidad como el más hermoso regalo de amor que el universo me había otorgado.

Me hice completamente intolerante al control hacia mí, y a las direcciones sin sutileza, a los regaños y al comportamiento típico de la gente carente de amor o con tanto miedo que son incapaces de proyectar algo diferente.

Sin embargo, de eso atraje mucho porque la verdad era espejo de estas personas y definitivamente atraemos gente similar a nosotros, que está en la misma onda vibratoria, atraemos lo que somos y no lo que anhelamos ser. Sobre todo, atraemos aquello que no toleramos.

El resto de mi infancia y adolescencia ya estaba tan preparada con mis armaduras que me hacían sentir segura y protegida, a tal punto que sentí desde entonces que la vida era una pasarela por la cual desfilaba con seguridad, atrevimiento y aplomo, como que nada ni nadie podría hacerme daño.

De hecho, me sirvió para que ningún niño o adolescente que son de los más crueles, osara haberme hecho ser motivo de burla, chiste o cualquier tipo de abuso, de esos frecuentes en esas etapas de la vida en las que si muestras algo de debilidad eres el blanco para ser atacado.

Así que tanto compañeros como extraños eran apartados con la distancia con la que sabía proteger mi integridad y colocar barreras, o sanos límites para jamás ser tocada ni siquiera con la mirada, sabía muy bien hacerlo sin el menor esfuerzo, no hacía falta ni pensarlo, simplemente ocurría, tanto con la mirada como con mi porte fuerte y erguido por haber trabajado muy bien mi cuerpo físico, y mi par de armaduras, total que en la infancia jamás me tocaron ni con la mirada, eran los sucesos familiares los que me daban en el alma. Constaté también que si nos lo proponemos podemos ser inexistentes e invisibles.

La mirada, los ojos, se hicieron inhumanos al punto de que podían infundir respeto, distancia, misterio y para algunos hasta miedo, incluso para mi propia familia era difícil de descifrar, nunca podían saber qué estaba sintiendo o qué quería transmitir, o que podían esperar de mí, no se sabía si las miradas eran de molestia, dureza, incertidumbre o descontento. Lo que si se sabía era que eran muy fuertes y generaban distancia y separación con el mundo exterior, material y terrenal. Es que en realidad estaba yo misma tan lejana de mi verdadero yo que la verdad hasta para mi eran imposibles de descifrar.

Si evalúo las armaduras, puedo asegurar que esta, la de los ojos, tenía un poder especial, casi paralizante o hipnotizante. Era sin duda una mirada con tanta fuerza y tanto poder que lograba conquistar y dominar lo que quisiera.

Comienza mi descubrimiento

Esto me hizo comenzar a vivir la gran mentira de mi vida, sentir plena sensación de una falsa personalidad, un falso yo, que se había transformado en la ley que regía todo en mí, que me hacía sentir con una superioridad tan grande que llegó a servirme para bloquear el dolor y hacerme creer tanto a mí misma que era súper poderosa, como a las otras personas, que era la más realizada, capaz, fuerte para lograrlo todo.

El trabajo físico me ayudaba a tener momentos de paz que me reconfortaban y proporcionaban la fuerza para que aquel pequeño cuerpo pudiera avanzar por la vida con semejante carga, la de mi majestuosa armadura, como si nada pasaba y ese yo con el que nací pasó a un sitio tan recóndito que lo perdí de vista y pasó a ser un completo desconocido, ausente, un extraño guardado en un rincón del cuerpecito.

El misterio absoluto para mí misma, que además tenía secuestrada también a mi niña interna porque desde una temprana edad, debido a los sucesos que ocurrieron y gracias a las primeras armaduras, se me estaba prohibido sentir sensibilidad, o mucho placer, porque al abrirme a sentir estos sentimientos de gozo podría también estar expuesta al dolor o al sufrimiento, por lo tanto desconocía los gustos de mi niña interna o las verdaderas intenciones de mi yo superior, con el cual me encontraría más tarde.

No obstante, haber comprendido más profundamente lo importante que es la auto observación permanente y la atención sostenida, me ocupa el desconocimiento que la humanidad padece, creyendo que es quien hace y deshace, pero la triste realidad es que, si no somos capaces de despertar y desarrollar consciencia de nosotros mismos, seremos simples marionetas zarandeadas de un deseo a otro, por circunstancias externas, que no controlamos, pero vivimos pensando que nos conocemos, y que tenemos eso que hemos llamado consciencia.

Pasamos la vida intentando interpretar a los otros y sus acciones, en esto perdemos la energía que deberíamos utilizar en interpretarnos a nosotros y así lograr descubrirnos.

Terminé de escribir este capítulo logrando recapitular, ahogada en lágrimas, con la cara embarrada de maquillaje y el texto listo, pero cuando quise guardar lo escrito, sin querer lo borré; entonces sin pensarlo decidí escribirlo de nuevo, repetir, revivir y volver a llorar para seguir sanando, porque la otra cosa que no sabía era que me liberaría de tantas cosas y aprendería mucho mas de mí misma y mi infinita capacidad como ser humano, en la medida en que escribiera, y tratara de observar con mayor objetividad e imparcialidad toda mi historia y mi realidad en sus distintas etapas.

Al terminar de escribir sentí paz y felicidad, sobre todo al sentir que iba hacia mi encuentro. Sumado a esto conseguí en el bolsillo de mi vestido la llave mágica y al mirar a la mesa vi un hermoso cofre plateado y dorado con incrustaciones de piedras, citrinos muy brillantes, el cual toqué y se abrió, en su interior había una cantidad de información acerca de mí misma, por lo que entendí que había mucho más por descubrir.

Capítulo 3

Amor rosa

Después de reflexionar ante un concienzudo examen realizado y narrado en capítulos anteriores, ha sido mucho más flexible el trabajo de recapitulación de las asociaciones que guardaba como tesoros en la memoria, en esa caja de pandora que es la adolescencia para cada uno de nosotros. Porque personalmente considero que ser adolescente es una etapa tanto esclarecedora como oscura y débil, de situaciones que nuestra niñez no juzga. Para que luego llegue ese adolescente turbado a convertirse en el juez que es capaz de internalizar como muy terrible un evento, sólo porque no lo tiene bajo sus dominios, asumiendo el control después de juzgarse y condenar a su niño interior para que se sienta avergonzado de su propia inocencia. En otras historias esto puede venir lleno de luz, pero en mi caso no fue así.

Justo saliendo de mi adolescencia comienzo a

sentir el peso de la sociedad que me indicaba que lo correcto era tener todo en orden cuando se llegaba a la adultez. Una presión social por ser el adulto responsable que guarda los archivos de todos los acontecimientos que marcan el camino hacia eso desconocido como éxito, además queriendo marcar un ideal que ahora sé que no existe. No es necesario ir conducidos por ese yo superior para sentirnos bien, no hay apuros cuando nos damos cuenta de que la presión no las ponemos nosotros mismos.

Relaciones

En esta historia sobre mis experiencias, he relatado una de mis anécdotas favoritas, de las que utilizo para describir con suficiente detalle todo aquello que ya fue y marcó un episodio tan impactante e importante que hoy lo honro con gratitud, puesto que de no haber recibido ese difícil entrenamiento, no estaría quizás escribiendo sobre esto, ya que todo lo narrado aquí es mi experiencia adquirida en la vida, con una importante inclinación de mi infancia: antes, durante y después de mi permanencia en lo que más podría asemejarse a una prisión. En el capítulo anterior he narrado mis vivencias en un colegio/internado, donde los niños no vuelven a sus hogares con sus familiares después de la jornada escolar todos los días, sino que se les deja en condición de "internados", para mi presos. Ansiando una libertad ilusoria que sólo aparecía los fines de semana, repito, estoy segura de que de no haber experimentado todo lo que he narrado no se habría revelado en mí todo lo que ahora puedo compartir.

Ahora mientras escribo, puedo decir que el sentimiento que me inspira el recuerdo de lo terrible que me pareció todo lo vivido en mi infancia; me llena de gratitud con el universo porque de algún modo representó el camino para llegar a ser lo que soy hoy. Dentro de mi inconsciencia e inocencia yo pensaba que la fortaleza era el resultado de lo que resistía sin sentirme vencida, ya que mi entereza siempre la he sentido tan infinita como mi ser, quizás me he sentido derrotada en algunas batallas, pero nunca por falta de fuerza.

Después de comenzar a escribir me di cuenta de que la verdadera importancia de la recapitulación, radica en tener la capacidad de poder ver el mismo evento desde otra perspectiva, positiva, liberadora y sanadora. Poder observar mi historia personal en tercera persona me hizo liberarme de una gran carga, me dio paz y entendí que las cosas son lo que son y lo que cambia es nuestra percepción cuando logramos verlo como una película.

Dicen que la mejor forma de evitar sentir dolor es olvidar, esperar a que el paso del tiempo se lleve en sus olvidos los pesares. ¿Es realmente el olvido una solución al sufrimiento?

Creí que era una solución, sobre todo cuando algo provoca tanto dolor, así que intenté borrar todo lo que me recordaría esa época de mi vida; a mis compañeros de la escuela primaria, a los acontecimientos, a los profesores, y a todo lo que sentí, porque estaba teñido de dolor.

La verdad que eso creí, olvidar, pero todo queda perfectamente guardado en nuestro ADN y si agudizamos nuestros sentidos para reconocernos comienzan a aparecer los acontecimientos del pasado, uno a uno como en una película. Enfocando mi atención, concentrándome, recordaba y me iba reconociendo.

Al salir del internado ya tenía claro qué era lo que no deseaba vivir: las carencias de tipo económico principalmente. Ya que de alguna forma las relacionaba con necesidades afectivas y carencias emocionales en general, todos mis traumas de la infancia los relacioné con faltas materiales.

En mi mente inocente e inconsciente la falta que había en mi vida era el dinero, la única causa y responsable de lo sucedido. Una vez que consideré que estaba en mis manos controlar la parte económica, para asegurarme de que podía lograrlo, desde muy temprana edad, mostré especial interés en lecturas tipo crecimiento personal, relacionadas casi siempre con la prosperidad y la espiritualidad.

Estos intereses representaron mis proyectos de vida, las lecturas y el crecimiento personal encabezaban la lista de mis prioridades en la vida.

Aunque siempre honré a mi padre y le fui fiel a sus ideales y principios; no podía seguir al 100% eso que veía en él tan arraigado, su idea de la vida, su forma de vanagloriar una vida llena de carencias de todo tipo. Porque aunque era un hombre sumamente brillante, elocuente, inteligente, culto y humanitario, sin embargo, no se permitió llevarse a su máximo, ni se permitía vivir todas las oportunidades que se le presentaban, supongo que por sus mismos ideales que en realidad seguro camuflaban ciertos temores. Esos principios en los que mi héroe creía le parecían muy dignos, justos, hermosos y de gente buena, de gente que iba por el camino correcto, de la verdad, siempre en pro de los débiles. Siempre con ideales socialistas, que velan por la utópica igualdad, en la que irónicamente no reina la prosperidad y las riquezas sino la escasez generalizada y repartida en formas iguales para todos. Sus ideales apuntaban a salvar a los débiles y los más necesitados, como si los bienes y las riquezas no fueran muy honrados. Estas ideas carentes formaban parte de su mundo consciente e inconsciente, mientras que en mi resonaban sólo en el subconsciente, porque estaba convencida de que lograría todo lo que me proponía de la forma más digna y honrada. Lo que no sabía era que ese subconsciente representaba entre 95% y 99% de mis pensamientos, acciones, programas, patrones y en definitiva es lo que lleva más peso, no solo en mi cerebro sino en el de todos los seres humanos.

Lo llevaba en sus genes, herencia que traía y honraba, y que con total elocuencia defendía. Esta parte de mi herencia decidí desde muy temprana edad cambiarla, o eso pensé que hacía y con decisión férrea y propósito estudiaba cada paso para cerciorarme que iba por el camino que había escogido, y aunque cuando no hay apoyo es más difícil el camino, estaba tan decidida que nunca me aparté de él. Se hizo parte de mí, de mi proceso, mi viaje, en lo que creí siempre, y sólo con recordar que tenía esa convicción veía la manifestación de mis sueños haciéndose realidad. Usé mi estadía en el internado para gestar mi visión de la vida, no estando clara de que estaba preparándome para un gran plan.

Recordando de pronto la llave mágica que poseía, de nuevo hice uso de ella para abrir, esta vez, un cofre que apareció con características muy parecidas al anterior, sólo que era mucho más grande ahora, y similar a una urna, con muchos compartimientos los cuales contenían una mayor cantidad de recuerdos.

Desde siempre, tenía certeza de la existencia de la magia, y a esta me aferré, aunque no tuviera para mí una coherencia clara. Entonces, ya para ese momento me sentía bastante segura y fortalecida. Así estaba llegando a mi adolescencia.

Descubrí en mis prácticas de danza y baile, que me conectaba con una energía que tocaba mis fibras más íntimas, que me hacía reconocer que la vida es también una danza y en la medida que refinas movimientos, que buscas la armonía, el equilibrio con fortaleza y a la vez fluidez, te conviertes en lo que más deseas, con constancia y compromiso, como las palmeras en la naturaleza. Entonces quise ser como ellas, pero con armaduras, y pude lograr danzar con el viento, soñé que esto era posible y lo logré, cada vez que lo necesitaba me convertía en palmera, dispuesta a participar del gran baile de la vida, entonces el viento era mi pareja preferida, porque me mostraba el camino. Reconocí como me fortalecía, me daba centro y cada vez que necesitaba reforzar algo en mí dedicaba más horas a la danza, entonces salía fortalecida, segura y con sensación de felicidad.

La constancia y la disciplina son características fundamentales para lograr propósitos y cometidos, esto lo aprendí muy temprano. La práctica permanente me hizo dueña de mi cuerpo físico el cual ciertamente siempre sentí muy fuerte.

Identifiqué la conexión que se hacía posible, con una energía muy especial y poderosa que me ponía en contacto con una parte sagrada de mí misma, que permitía relacionarme sanamente y hacer de esa danza algo sagrado para mi ser. Un espacio conmigo, con mi yo superior, el dominio del cuerpo, el dejar fluir su energía, el centro, el equilibrio, de alguna manera se convirtieron en una necesidad de vida. La cual se convirtió en inseparable, aliada y compañera.

Llegó un momento en el cual estaba tan compenetrada que necesitaba bailar o simular el baile a intervalos a lo largo del día, me encontraba haciendo algún movimiento, algún paso, algún estiramiento para encontrarme danzando. Sin darme cuenta ya estaba lista para el encuentro con lo que he decidido reconocer acá como mi primer acercamiento al amor no condicionado por las obligaciones o los deberes. Ese gran amor rosa que es el amor en la amistad, camaradería, apoyo, comprensión del alma. Ese tipo de amor se caracteriza por el entendimiento y la confianza en el que la otra persona está sintiendo quizás hasta un poco más que uno mismo, de nuestras necesidades. Lo he nombrado así "amor rosa" porque aparece dando ese tono a las experiencias amistosas, un amor que hizo que mi vida tomara un giro, ese donde cualquier acontecimiento puede ser disfrutado, que te ilumina la vida y la mirada. En el momento en el que estaba disfrutando de mi primera verdadera amistad, se me presentó también la primera relación amorosa con un joven. Justo cuando me preparaba y anhelaba tener un novio o encuentro amoroso apareció en mi vida. Ya había cumplido la expectativa de tocar un tema desconocido y al que anhelaba incursionar, notaba que mi cuerpo ya lo pedía, siendo esa época moralista en la que existían muchos prejuicios y tener relaciones sexuales sin haberse casado representaba un gran pecado, sin embargo yo no me cuestioné; por sentir todas esas novedades y razonaba sobre el asunto preguntándome a mí misma: cómo puede castigarme Dios por simplemente satisfacer necesidades de algo que él mismo me hacía sentir?, así que cuando llegó el momento y apareció el chico que comenzó a cortejarme y me gustó, me sentí muy bien con su compañía, podía bailar por horas disfrutando y sin sentir cansancio, ya tenía para aquel momento 15 años, y estaba muy dispuesta a disfrutar la vida, así que di rienda suelta a lo que sentía e incursioné en lo que era desconocido para mí, las relaciones sexuales, entonces se convirtió en una diversión más, todo era nuevo y excitante. Todo lo que ocurría en ese momento de mi vida me llenaba de alegría y disfrute, como salidas en grupo con adolescentes y mi inseparable amiga, playas, fiestas, compartir, definitivamente un lindo capitulo. Sentía que había valido la pena pasar por todo lo que había pasado porque ahora la vida tenía otro color, y estaba preparada para disfrutar al máximo persiguiendo la felicidad.

Como un ídolo

Mi padre siempre había sido mi ídolo, una figura ideal, de carácter fuerte y estricto. Esta era su manera de amar, la que él conocía, con casi total ausencia de padres, al igual que mi madre huérfana, mi padre fue criado y formado por su abuela, con los mismos métodos un tanto ortodoxos de la época, es decir, recibiendo castigos y abusos de gente cercana, como sus propios parientes, no obstante, él seguía venerando a su madre y siempre esperaba que sus hijas fueran niñas ejemplares, por lo que cada día era más estricto y exigía más, al punto que llegó un momento en el que casi nada parecía estar bien, y mi hermana y yo sin planearlo, optamos para no equivocarnos, en dejar de hablar, en esa temporada nos quedamos mudas. Ahora entiendo que sus intenciones detrás de su rigidez y exigencias eran siempre tratar de sacar lo mejor en cada una de nosotras, como si se tratase de una preparación olímpica en la que debíamos trabajar incesantemente por la perfección, con una estructura y método riguroso, que quizás correspondía a creencias erróneas del pasado o psicologías inversas para tratar de sacar lo mejor de nosotras. La verdad nos aterraba nuestro padre, entonces sentíamos amor y terror.

Estos métodos de crianza y enseñanza fueron los que me hicieron pasar mucho tiempo de mi infancia sin tener amistades, por lo cual pude apreciar y hasta magnificar la primera vez que lo experimenté, de allí el nombre amor rosa. Esta amiga era una vecina que vivía en frente de mi casa y conocerla fue un regalo del universo, que gracias a ella logré tener un gran grupo de amigos, comencé a conocer gente y a ampliar mi círculo. Representaba un escape y salvación a lo que creía que me había tocado a mí en la vida que era la rigidez e infortunios. Siempre pensando que el error estaba en la falta de solvencia económica, lejos de creer que eran los patrones que conducían a mis padres. Fue por esta época en la que el estilo de educación que nos proporcionaban nuestros padres comenzaban a mostrar manifestaciones.

Inseguridad

Me fui haciendo cada vez más insegura, tanto que un día sentí, que no era capaz ni de hablar en clase. Cada día representaba para mí un desafío en el que cada vez sentía que me retraía más, hasta que, justo cuando me encontraba en el punto en que temía llegar a ser anulada por completo, decidí pararme frente a un espejo y sin saberlo le comencé a dar órdenes a mis armaduras y a mí, me dije: Maira Pérez hasta hoy eres tímida o la timidez te convertirá en un insecto.

Órdenes

De pronto, y casi en seguida, cada vez que estaba en clase y no me atrevía a intervenir, mi armadura tejida se despegaba de mí y estando unos pasos por detrás me golpeaba por la espalda de tal forma que casi me derrumbaba pero sabía hasta qué punto podía hacerlo y no me quedaba otra alternativa que levantarme e intervenir. Por lo cual comencé a hacerlo cada vez que fuera necesario para hacerme desde ese entonces la primera en la clase, recordando siempre lo que yo pensaba que eran palabras alentadoras de mi padre, cuando me decía: "tienes que ser la primera en tu clase, porque tú naciste para triunfar, para brillar". Aunque sus palabras representaron un gran peso y exigencia en cada paso o decisión que fuese a tomar en la vida, gracias a eso tuve un gran empuje para realizarme. Ahora entiendo que existen otras formas más amorosas de impulsar a la gente que amamos para que logren sus metas. El discurso podría leerse así: "eres maravillosa en lo que sea que hagas. Puedes triunfar y brillar haciendo lo que te haga feliz".

Una nueva batalla

Una vez más sentía que estaba muy cómoda en mi nueva vida, con un grupo de amigos, mi mejor amiga, un novio y todo divertido. Repentinamente se presentaron hechos difíciles de digerir, o de verlos distintos a la traición.

Mi padre se había transformado en un ser diferente, ahora era menos rígido, más dulce, como un amigo. Sentí que había logrado recuperar a mi ídolo, el cual con su amor y esmero me conquistó de nuevo, esta vez con mayor fuerza, con más luz, más tamaño y más brillo. Sumado a la felicidad que estaba experimentando, mi padre compartía con mis amigos y mi novio como un adolescente más, disfrutábamos con él como uno más del grupo y aunque hubiera carencias estas no parecían tener mucho peso porque lo importante era lo bien que me sentía, ya no estaba presa y apreciaba al máximo la libertad. Sólo sabemos apreciar lo que tenemos cuando hemos sufrido su ausencia, el sol brillaba más que siempre, porque en Venezuela hay sol todo el año y los días todos pueden ser hermosos, me sentía absolutamente afortunada, y con una fuerza indescriptible.

Ese contraste de lo vivido anteriormente me había fortalecido, o así me sentía, gracias a la presencia de mis armaduras las cuales me apoyaban, ahora era capaz de apreciar lo que la vida me estaba proporcionando como regalo.

Primeras experiencias con lo no concreto ni palpable

Estaba tan especial mi vida que hasta en el mundo de lo no concreto tuve experiencias que me dejaron encantada. En una oportunidad organizaba mi habitación y cuando pasaba una mopa debajo de un mueble aparecieron unos personajes de unos 100 cm vestidos con trajes que los cubrían desde la cabeza hasta los pies, con gorro del mismo material del atuendo, uno iba vestido de amarillo y otro de rojo, saltaron para esquivar la mopa, no pude ver bien sus caras pero el acontecimiento me fue muy grato. Sumado a que el movimiento de estos era como en otra revolución, los colores y nitidez no propios de lo que acostumbraba a ver en este plano, lo cual hizo de la experiencia algo especial. Esta fue mi primera vez teniendo la oportunidad de ver algo así, y a partir de allí comencé a vivir sucesos similares, era algo mágico que formaba parte importante de mi vida en ese momento.

Lulu mi mejor amiga, mi vecina, mi confidente, con la que me divertía de no hacer nada, con la que descansar, estar cansada, hablar o no hablar, planear o no hacerlo, cualquier cosa podía tener el mejor sabor, hacía que disfrutara cualquier instante con o sin su compañía solo porque sabía que existía y la vida tenía el mejor momento ahora.

Como si fuera poco y como para que la fiesta fuera continuada, mi mamá, mi hermana y yo nos fuimos a vivir con ella y su familia. Aunque la verdad las razones eran por condiciones precarias y tristes, no estaba dispuesta a verlo así y que fuera a mancharse la aventura, ya nada podía ser dramático luego de lo vivido. Mientras más revisaba el cofre grande, más recuerdos iban apareciendo.

Viviendo ya en casa de mi querida amiga, dormía una noche y me levanté al baño, vivíamos en una casa colonial, tenía un pasillo largo y la habitación donde dormía quedaba casi en el extremo hacia donde quedaba la salida de la casa, caminé hacia la mitad del largo pasillo donde quedaba el baño, con los ojos entre abiertos, hice uso del sanitario e inmediatamente me dirigí a la cocina en búsqueda de un vaso de agua, que quedaba en el extremo opuesto, continuaba con los ojos más cerrados que abiertos como para no separarme del sueño, cuando casi me tropiezo con un par de hombres muy pequeños que parecían de la antigüedad, por ser un poco más bajos de estatura que yo y ahora entiendo que no eran muy chiquitos solo que estaba en mi modo armadura porque hasta dormía así, por lo cual ellos me parecían casi enanos, en medio de la oscuridad intentaban verme mejor desde su perspectiva desde abajo y yo pensando que era imaginación o no sé qué, agudicé la vista y ellos hicieron lo mismo pero intentaban tocarme, por fracción de segundos pude verlos a la perfección, pude notar su atuendo de una época pasada, que identifiqué como el estilo Luis XIV como el año 1650, pantalones negros abrillantados bombache, que llegaban un poco más abajo de la rodilla, medias completas blancas, cinturón o fajín ancho de tela, zapatos con hebilla cuadrada, punta rectangular con un pequeño tacón, camisas blancas con mangas bombachas, con fino acabado, corbatín de encaje de volumen importante y corto con broche de piedras brillantes en el cuello. Cuando me percaté de lo que estaba viendo y que estos me querían tocar, grité como no sabía que podía hacerlo, reconocí en mi la presencia de mis ancestros indios y la manera en la que estos gritaban y hasta entendí sus razones, en tres grandes pasos que se hicieron posibles gracias a la agilidad, fuerza y tamaño de Soyixa (mi armadura tejida), corrí a la habitación donde dormía, al llegar a esta me desplomé. Después de haber vivido yendo a museos en muchas partes del mundo, comprendí que ese encuentro no fue con enanos o duendes, eran genuinamente seres del pasado, en el cual la humanidad no había evolucionado como estamos ahora, y la gente era mucho más pequeña de estatura, los reyes y personajes del pasado eran muy pequeños.

Susto, terror, ahora no sé qué sentí, ese contacto

con la no realidad o un contacto con otra dimensión me tomó desprevenida y no quise vivirlo más, aunque luego me arrepentía. Mi madre, como siempre, lo supo de antemano, me dijo que era privilegiada al poder tener este tipo de contactos y sin embargo decidí que no quería volver ver más algo así, pedí a la creación, a Dios, al universo o a la energía que llamamos con nuestra vibración, que eliminara de mi vida este tipo de visiones. Mi madre decía: si te gusta ver cosas hermosas debes estar preparada para verlo todo.

Mucho tiempo después identifiqué que ella tenía razón, y fue cuando decidí que quería ver lo que fuera, sin embargo, las cosas no son justo como uno las planifica. Me asustaran o no, estaba recibiendo regalos especiales, no sé de quien, pero no me estaba percatando de lo que esto representaba, no entendía por qué yo podía ver y sentir tantas cosas que parecían fuera de este mundo.

En esta misma época de mi vida, pude comprobar lo importante que era y continúa siendo para mí sentir seguridad, confianza y una gran fortaleza.

Logré que estas capacidades se sumaran a mi trabajo de desarrollo gracias a que practicaba ballet, danza moderna y jazz. Para confirmar lo que ya había sentido en el internado, el trabajo físico era un perfecto aliado que me hacía sentir fuerte, una fortaleza indescriptible, una plenitud respecto al trabajo físico, me generaba seguridad, centro y equilibrio en ese momento preciso en el que mi cuerpo se movía, encontraba paz sabiendo que era dueña de mi cuerpo, y todo esto se daba porque además significaba presentarse valiente y vulnerable ante todos los compañeros o estrictos, exigentes e hirientes profesores y maestros. Atreverme a mostrarme, moverme y hacer lo que más amaba era lo que alejaba o congelaba mis armaduras, por eso podía sentirme y transformarme, aunque no lo sabía por temor o inconsciencia de mi propio ser. Cuando hacia cualquier rutina de trabajo físico lograba acercarme a mi propio yo, aunque la verdad estaba lejos por las armaduras. El ejercicio físico me fortalecía y me permitía soportar el peso de mis armaduras sin que me perturbaran para nada.

La sensación grafica de plenitud a la que podía llegar mientras practicaba ballet era la siguiente: lograba conectarme, aunque con interferencia e incomodidad, conmigo misma y mi ser superior. Las armaduras formaban parte de mí, eran mi coraza y protección en ese momento, una protección que en realidad me desconectaba de mi verdadero ser, sin embargo, mi alma muy sabia sabía que debía tener momento de paz y contacto conmigo para verdaderamente fortalecerme, porque eran esos momentos en los que hasta las armaduras tomaban fuerza gracias al contacto con mi poder personal. Las armaduras que estaban implantadas hasta este momento, se separaban de mi piel, conectadas por un hilo casi imperceptible y luminoso, se quedaba tan cerca de mí como para mantenerme vigilada, cual guardaespaldas, que te quieren dar libertad sin realmente dártela. Era yo misma dándome el permiso de sentirme así fuese a medias. Apenas la acción del baile terminaba, ellas, mis armaduras, volvían a mí como haladas por un imán humano, yo.

El trabajo físico me permitía comunión conmigo misma y lograba hacer pequeños toques como flashes en los que lograba tener un lejano contacto conmigo misma y aunque era extraño aprendí a disfrutarlo e integrarlo como parte necesaria en mi vida. Estoy convencida de que el baile me salvó en esa temporada de mi historia en la que la mecanicidad me dirigía. Había encontrado mi primera pasión salvadora, sin saber que años después encontraría la verdadera salvación en la calma de sentarme a escribir.

Inconscientemente necesitaba continuar mi búsqueda interna y personal experimentando en relación a una pareja, porque es a través de los demás que podemos vernos mejor, por lo que comencé una nueva relación, la cual estaba disfrutando mucho y pasó a formar parte de todo lo divertido en mi nueva vida.

Un día de esos, de aquella época, tuve mi primera visión premonitoria estando acostada, a punto de dormirme: vi unas flores moradas que jamás en mi vida había visto en persona, ni sabía que existieran. Mi sorpresa sería que más tarde supe que eran coles de jardín. Luego de ver semejante belleza entre dormida y despierta, muy pocos días después realicé mi primer viaje a USA, para conocer NY. Lo primero con lo que me encontré fue con la belleza de coles de mi visión, observé que la ciudad estaba inundada de ellas, lo que no sabía era que esta ciudad provocaría en mí una atracción especial, un magnetismo y encanto indescriptible, todos mis sentidos se agudizaron y podía disfrutar de los olores, sonidos, y todo lo que veía, lo mucho que me hizo sentir, eran tantas las emociones que por primera vez me sentía embriagada y no entendía muy bien porqué. Desde aquel momento New York se convirtió en mi ciudad favorita, supe y entendí que era y sería la casa de mi alma.

Dentro de mi inconsciencia, desde este momento

de mi historia yo ya vislumbraba que el verdadero terapeuta de cada quien reside en sí mismo, y que cuando decides sanar, con la mejor intención, aunque te sientas perdido, no lo estás ya que has entrado en el camino que te llevará al encuentro contigo mismo, con tu yo superior, que si se lo permites estará allí para darte la mano y que lo alcances.

Entonces me di cuenta de que si decidía encontrarme conmigo misma, tomando responsabilidad plena por mi vida, podría que llegara a estar un yo mío allí esperando, para compartir, disfrutar y darme lo mejor, entonces podría sentir realización en lo más cotidiano, porque me encontraría conmigo misma y con Dios, viviendo mágicamente. Así podría ver la magia en cada instante de la vida, atenta, despierta y entendiendo que cada acontecimiento puede representar una señal con significado y propósito, si así decidía verlo.

Estaba viviendo una época de dicha e ilusión, entre mi danza, mi apertura conmigo misma, que, aunque fuese limitada me hacía sentir segura y libre, comparado con lo que había vivido antes por ejemplo en el internado. Sin embargo, siempre había una situación de contraste que me hacía despertar de golpe en mis ilusiones.

Mi hermana también era una adolescente como

yo, de dos años menor, que nunca pensé que pudiera intentar agredirme, muy pronto a sus 14 años, en un instante gracias a sustancias externas pudo convertirse en un animal parecido a un dragón pequeño, delgado, de colores entre marrón, verde y naranja, la cual me agredió hasta el alma con el simple hecho de su aparición. Sus agresiones, convertida en dragón cada vez eran más continuas, tanto que ya lo esperaba, ya sabía cuándo venía propiamente mi hermana o su versión dañina.

Mis mecanismos de defensa siempre eran la evasión, con sólo obviar o ignorar su presencia, podía anular cualquier agresión, era como si desaparecía, para convertirse en mi sombra, sin que de momento me perturbara. Estos eran los momentos en los que mis armaduras tomaban más fuerza porque así lo necesitaba yo, mis armaduras de la vista desvanecían al dragón, mi hermana se desdibujaba frente a mí, y no podía hacerme nada, no podía tocarme, su fuego o su veneno (si es que los dragones tuviesen veneno) ahora sólo le hacía daño a ella misma. Se hacía muy pequeña, mientras yo crecía, así me sentía, así me creía, y así me veía, grande, mas no necesariamente así era, porque unas armaduras son una coraza y la verdad es que no nos dejan mostrar la realidad.

Mi verdadero ser se hacía igual de diminuto que el dragón, mientras que las armaduras tomaban mayor protagonismo.

Estos acontecimientos se repetían en cada fiesta, y la verdad muy guardada, muy escondida, era que me hacía sufrir mucho, porque la sombra, lo que evadimos, es lo que más nos perturbará a la larga, lo que no está resuelto, por mucho que lo escondamos volverá a aparecer disfrazado con otra situación, otra persona e incluso otra agresión distinta que nos vuelva a crear el contraste que nos hace despertar de golpe.

Por todos estos eventos, desde aquel entonces relacioné las fiestas, la celebración y la alegría desbordante de compartir, con pesadilla y perturbación, me daba temor celebrar lo que sea, sin embargo, no dejaba de intentar disfrutar las fiestas en esta época.

La traición doble

A tres años de haber salido del internado aún seguía infinitamente agradecida de ser libre, sentía que estaba viviendo la época más cómoda en mi nueva vida, y además me hacía decretos como por ejemplo: "más nunca en mi vida sufriré de esa manera", "más nunca en mi vida lloraré hasta el cansancio", sin saber que la única manera de que eso ocurriera era deshumanizándome, porque no existe experiencia de vida que te permita abstraer los sentidos por mucho tiempo, se va convirtiendo en una bola de nieve que crece constantemente, y que tarde o temprano no podemos continuar evadiendo. Es por lo que es tan importante conocernos, saber de dónde venimos y como fueron nuestras experiencias en la infancia que de alguna u otra forma van a conducir gran parte de nuestra vida, haciéndonos repetir las experiencias una y otra vez hasta que logremos hacernos conscientes y crear un cambio.

Era un día común como cualquier otro, había ido a mis clases de ballet y ya estaba de regreso, con tranquilidad y calma iba camino a casa, cuando divisé a lo lejos el auto de mi padre, era un Volkswagen azul cielo, imposible de confundir, inmediatamente lo reconocí y pude ver que mi padre no estaba solo dentro del automóvil. Este estaba estacionado en la misma acera por la que yo venía caminando, con ellos sentados dentro del carro de espaldas a mí, esto quiere decir que no me vieron sino hasta que yo pasé por un lado, sorprendiéndonos con mi presencia de paso. Se trataba de mi mejor amiga, la otra persona que lo acompañaba amorosamente en el carro. Pudo haber sido un puñal en mi corazón, sin embargo, ya yo había decidido herméticamente, dejar de sentir, gracias a todas mis queridas armaduras, que me acompañaron y me ayudaron en su momento, ellas lograban darme templanza y podía demostrar indiferencia con mucha naturalidad.

Ellos estaban besándose apasionadamente, y yo al ver esto, me impacté, sólo eso, pude ver con mis propios ojos una infame traición, que sinceramente ni me importó, o eso creí yo. Muy pronto, instantes después de verlos besarse y entender que se trataba de Lulu, y de mi padre y héroe, ambos quedaron cubiertos por una capa negra que veía recorrer desde sus rostros hasta sus pies, ambas figuras se esfumaron como el humo, y sentí que esta energía se dirigió hacia mí para atacarme, pero ya no había la menor posibilidad de esto.

Mi padre y Lulu comenzaron una relación amorosa a mis espaldas, ella era mi amiga del alma y mi padre era mi ídolo en ese momento. Mi mecanismo de defensa fue quitarles el habla, simplemente dejé de hablarles. Jamás cruzamos palabra, no les pedí explicaciones y ellos tampoco me las dieron. Respecto a mi padre, intenté confrontarlo porque me parecía un abuso, al recibir una reacción tajante como respuesta, decidí no tocar más el tema y también dejarle de hablar, hasta que el tiempo y mis armaduras me ayudaran a manejar mejor mi indiferencia.

A pesar de que yo quisiera jugar a la indiferencia para evitar el sufrimiento, esta traición ocurrió y parecía como si se sufriera afuera de mí, y no adentro, era como si yo misma me veía desde arriba, abstraída.

Nuevamente cuando menos lo esperaba apareció el monstruo, ese que ya conocía; la traición, dispuesto a agredirme, esta vez lucía distinto, quizás menos temible, o yo absolutamente protegida, más fría, dura e impenetrable, ya con mis maravillosas armaduras. Ese monstruo oscuro y temible parecía indestructible porque no tenía forma, era abstracto como el humo, denso, oscuro, y capaz de atacar a morir. Me tomó desprevenida y a traición por la espalda, siempre el ataque se dirigía directo al corazón y este ya poseía protección.

Yo ya contaba con la artillería que ya consideraba pesada, muy protegida y fuerte, con un tamaño casi siempre superior al de los demás, aunque mi cuerpo físico parecía frágil y menudo, ya las armaduras habían hecho simbiosis conmigo y comenzaba a sentir que había nacido así, que esa siempre fue mi realidad, que yo era fuerte, súper poderosa y que nada ni nadie podrían hacerme daño. No estaba consciente de que podría existir ternura, compasión y vulnerabilidad en la fortaleza, yo creía que mientras más hermética y cerrada estuviera, más protegida estaría, lo que no sabía era que esas armaduras me sobreprotegerían tanto que me cerrarían a la posibilidad de sentir todo lo bello, pleno y feliz de una vida sin coraza.

Entonces esa era mi verdadera identidad, fría, fuerte y dura. Para ese momento todavía me repetía que era muy fuerte y que nada ni nadie podrían hacerme daño, hasta que estas se convirtieron en mi mejor piel, en lo que sentí muy parte de mí. Sin embargo, mi alma sabía que había algo más que simplemente huir, por lo que tomé responsabilidad y al pasar los años no dejaba de intentar buscar mi verdadero yo. Yo estaba fragmentada, entre mis armaduras que habían tomado el poder y conducían el viaje, mi niña interna atrapada y castigada, mi verdadero yo o ser superior perdido en un bosque oscuro, lúgubre e inanimado y mi ser físico mecanizado.

Pasé por un trabajo muy duro, me costó bastante encontrar el camino con el cual me quedaría, antes de descubrir que existía la sanación a través de la escritura de mi propia historia, todos los caminos y terapias parecían remover y no resolver, ya que sólo me acercaban algunos milímetros a mí misma, sin embargo, todos sirvieron de aporte en el camino del auto descubrimiento y ahora son parte de mí.

En este momento de mi vida ya podía conducirme con serenidad y seguridad como la de un felino. Una seguridad que camuflaba mis verdaderos sentimientos y emociones, ya que contaba con mis armaduras.

No me resultó suficiente y para asegurar esto decidí estar más blindada, entonces aproveché el acontecimiento para construirme una nueva armadura, lo hice a gran velocidad. En instantes logré la más brillante, con hermosos acabados, detalles de un trabajo delicado, elaborado, artístico y casi perfecto, tanto que no tenía ni un solo detalle que pudiera colocarme en riesgo aparente.

Pieza a pieza, cada una a continuación de las otras, súper poniéndose en los extremos de cada lámina para ser similar a un rompecabezas que me permitiera perfecto movimiento. Elaborado en esta ocasión para que nada ni nadie pudiera atravesar, penetrar o hacerme daño de nuevo. Había nacido una nueva armadura llamada Alep. Entonces desfilé insensible, impenetrable, inquebrantable, con sensación de que nada podría perturbarme. Me sentía lista para dar la espalda a cualquier acontecimiento que pudiera representar riesgo a sufrir. Dispuesta a pasar la página, sin dejarme inmutar entré en una doble traición, porque ninguno de los dos tuvo la confianza de compartirlo conmigo.

Sentí felicidad al creer que esto no me afectaba, que podía continuar mi vida como que no había sucedido absolutamente nada. Fui atacada por dos entes y la verdad es que lo que lograron en mí fue una mezcla de sentimientos que casi no me permití ver ni sentir, simplemente se sumó una nueva armadura a todas las anteriores, y ahora mucho más elaborada. Cada nueva armadura me endurecía y me alejaba de mi ser interior y superior, cada nueva coraza me adormecía un poco más y yo sin embargo me sentía tan fuerte e impenetrable que llegaba a ser una total desconocida, sobre todo para mí misma.

Logré engañarme con la idea de que nada de esto me dolía, y hoy descubro lo que había por detrás. Sólo hasta hoy, escribiendo, logro sumergirme y atreverme a verlo, sufrirlo por primera vez, para dar paso progresivamente a lo que pudiera denominar una Maira humanizada, ya que el miedo y el dolor lograron crear unas barreras confundidas con rabia, que en muchos momentos pensé que eran imperceptibles para los demás, pero ahora sé que todos las percibían, el mundo sentía mi desconexión y por lo tanto nunca hubo verdadera entrega, ni de ellos, ni mía.

Yo sólo me quería sentir libre y sin la expectativa de ser traicionada, pero el fantasma del miedo, que parecía un ángel guardián para mí, siempre estuvo presente, y hoy descubro que, desde el reconocimiento de mis debilidades, desde el entendimiento de que no soy infalible puedo sentirme más libre y quizás hasta ahora reconozco que soy tú, tan humana como tú.

Mientras escribía este capítulo y me daba la oportunidad de revivir las experiencias, notaba el poder de sanación que me brindaba la escritura, era muy doloroso sufrir lo que me había oprimido durante años y al mismo tiempo me estaba dando permiso de transformarme y darme una nueva oportunidad en todos los aspectos de mi vida. Supongo que me acosté a dormir con este trabajo mental. Por lo cual unos segundos antes de la hora de levantarme irrumpe en mi cama quien yo pensaba, sentía o soñaba que era Lulu como lo hacía cuando éramos unas adolescentes felices y capaces de disfrutar hasta de tener que levantarse a estudiar o a trabajar. Me empuja con el mayor de los cariños, como lo hizo siempre, con carácter y determinación, para despertarme como quien quiere sacarte de la cama y de un segundo para otro, quien suponía que era Lulu se transforma en Zoe, mi amiga a la cual aún no le había permitido ni me había permitido tener una verdadera amistad.

Este acontecimiento ocurrió 27 años después de haber comenzado una amistad con mucha distancia con Zoe. Desde que se sumó a mi ser Alep, la última armadura, me negué a una amistad sincera y desde el alma. En ese instante en el que Lulu me empuja y se convierte en Zoe como por arte de magia todas mis armaduras una por una se alejaron en el mismo orden pero en reversa de cómo se habían instalado, es decir primero Alep, la elaborada y brillante, con acabados perfectos, pieza a pieza fueron cayendo, luego Soyixa se destejió, y ya no estaba la que parecía una tela metálica totalmente adherida a mi cuerpo, Glinix ya se había derretido, para poder mostrarme ante Zoe con el corazón permeable y permitir la entrada a una nueva y verdadera amistad, luego de la adolescencia y esa mala experiencia. Contrario a lo bonito que pueda escucharse, me sentí completamente desprovista, desnuda, indefensa y asustada.

La que verdaderamente me despierta, no había sido Lulu, era Zoe con el mismo amor y el mismo cariño, vino a sustituirlo por uno que no tenía cara de traición, por uno ahora real porque pude despojarme por un momento de las armaduras y en ese instante pude ver y mostrarme a mí misma cosas que aun ignoraba. Es posible dar y recibir amor más allá de lo que no conocemos, sin esperar nada a cambio. Sin embargo, aún no estaba preparada para vivir sin armaduras. No era cosa sencilla después de tantos años. Por ahora ellas sólo me daban instantes de paz y libertad. En esta ocasión, como de costumbre se quedaron por unos instantes a una distancia prudencial.

Porque fue después de esto que me sentí dispuesta a continuar la búsqueda de mi verdadero ser, a comenzar a ser transparente, y comenzar a probar lo que es darme lo que quiero que me den para poder recibir de la misma forma.

Con ánimo de sacarme todas las armaduras y sentirme igual de segura y protegida sólo con mi piel. Esperando que este camino en reversa fuese más corto. Porque aun habiendo identificado esto, mis armaduras de nuevo y muy rápido formaron parte de mí.

Esto es sólo el comienzo…

Made in the USA
Columbia, SC
27 December 2022